KB039212

4·16구술증언록 잠수사 제4권

그날을 말하다

잠수사 전광근

4·16구술증언록 잠수사 제4권

그날을 말하다

잠수사 전광근

4·16기억저장소 기획 편집
(사) 4·16세월호참사가족협의회 지원 협조

한울

일러두기

1. 음절로 식별 가능한 소리를 들리는 대로 전사하는 것을 원칙으로 한다.

2. 의미를 파악하기 위해 추가 설명이 필요할 경우 [ ]로 표시한다.

3. 몸짓, 어조 등 비언어적 행위는 ( )로 표시한다.

4. 구술자가 말을 잇지 못해 말줄임표를 사용하는 경우 ……, …로 길고 짧음을 표시한다.

5. 비공개 영역은 〈비공개〉로 표시한다.

6. 비공개해야 하는 희생자 형제자매의 이름은 ○○, △△ 등의 도형기호로, 생존자의 이름은 A, B, C 등 알파
   벳 대문자로 표시한다.

7. 비공개해야 하는 제3자는 직분이나 소속, 성만 공개하고, 이름은 ××로 표시한다. 비공개해야 하는 숫자는
   자릿수에 상관없이 □로 표시하며, 지명은 □□로 표시한다.

4·16기억저장소에서는 세월호 참사 5주기를 맞아 구술증언 수
집 사업의 결과물 일부를 100권의 책으로 발간하게 되었습니다.
이 사업은 2015년 6월부터 다양한 학문 분야 구술 연구자들의 자
발적인 참여로 진행되어 왔으며, 세월호 참사를 좀 더 정확하고 다
각적으로 기록하고 기억하고자 하는 노력의 일환으로 수행되었습
니다.

2014년 참사 발생 이후, 참사 피해자들의 목격담과 경험은 안타
깝게도 공식적인 국가기관과 언론의 기록 속에서 철저히 소외되거
나 왜곡되었습니다. 그것은 세월호 참사가 우리에게 안긴 죽음과
고통의 충격만큼이나 우리 사회의 끔찍한 비극이었습니다. 따라서
사업을 진행하면서 세월호 참사 희생자 가족, 생존자, 생존자 가족,
어민, 잠수사, 활동가, 기자 등등, 참사의 초기 과정을 직접 경험한
분들의 증언을 우선적으로 수집했습니다. 구술자는 이 사업의 취

지와 방식에 개인적으로 동의한 분 중에서 선정했으며, 참여 과정에 어떠한 금전적 보상이나 이익이 제공되지 않았습니다. 또한 구술증언 수집 사업을 진행하는 동안, 면담자는 연구자이자 참사를 겪은 공동체 시민으로서 최대한 윤리적이고자 노력했습니다.

구술자마다 매회 약 2시간씩 3회를 원칙으로 음성 녹취와 영상 촬영을 하는 방식으로 진행되었고, 증언의 일관성을 확보하기 위해 면담자는 큰 틀에서 공통 질문지를 사용했습니다. 공통 질문지의 내용은 참사와 구술자 간의 관계성에 따라 차이가 있지만, 유가족 구술의 경우 1회차 '참사 이전의 삶, 팽목항과 진도에서의 경험, 자녀에 대한 기억'을, 2회차 '참사 이후 투쟁과 공동체 활동 경험'을, 3회차 '참사 이후 개인 및 가족이 경험한 삶의 변화와 깨달음, 자녀의 현재적 의미'를 중심으로 했습니다. 이처럼 증언 내용은 참사 이전에서 시작해 참사 발생 당시의 경험과 이후의 변화 과정까지 폭넓게 수집했고, 면담자는 구술 채록 과정에서 구술자의 발화를 최대한 존중하고자 했으며, 무엇보다 각자의 특수한 경험과 다른 시각을 충실히 반영하고자 했습니다.

이 구술증언록의 발간을 위해, 채록된 음성 자료는 문서로 변환해 구술자와 함께 검토했고, 현재 시점에서 공개할 수 있는 영역과 할 수 없는 영역으로 구별했습니다. 따라서 책에 실린 내용은 모두 구술자로부터 공개를 허락받은 부분입니다. 비공개 영역은 추후 구술자의 동의를 받아 적절한 절차를 거쳐 추가로 공개될 수 있으리라 생각합니다.

이 구술증언록 100권에는 그동안 우리 사회에 왜곡되어 알려지거나 잘 알려지지 않았던, 참사 발생 직후 팽목항과 진도 혹은 바다에서의 초기 상황에 관한 중요한 증언이 포함되어 있습니다. 또한, 자녀를 잃는 잔인하고 애통한 상황을 겪으면서도 그 누구보다 강인한 정치적 주체로 성장할 수밖에 없었던 유가족의 마음과 경험을 구체적으로, 그리고 여러 각도에서 살펴볼 수 있습니다. 그외에도, 이 구술증언록은 2014년을 전후한 한국 사회의 여러 측면을 드러내는 귀중한 자료가 되리라고 생각합니다. 무엇보다 국내외의 많은 분이 이 책을 읽어, 장차 세월호 참사의 진상 규명과 역사 서술에 기여할 수 있기를 바랍니다.

구술증언 수집 사업이 진행되고, 책으로 출간되기까지 많은 분의 도움과 지지가 있었습니다. 이 지면을 빌려 부족하나마 감사의 말씀을 전하고자 합니다.

먼저 (사)4·16세월호참사가족협의회와 4·16기억저장소에 감사를 드립니다. 이분들의 신뢰와 적극적인 협조가 없었다면, 이 사업은 처음부터 시작할 수조차 없었을 것입니다. 또한 어려운 정치 환경 속에서도 사업의 취지에 공감해 재정 지원을 결정해 준 아름다운가게와 역사문제연구소에 감사드립니다. 두 단체 덕분에, 이 사업을 4년 동안 계속해 올 수 있었습니다. 그리고 구술증언록 100권의 발간에 동의하고, 바쁜 일정에도 출판 실무를 기꺼이 맡아주신 한울엠플러스(주)에도 감사를 드립니다. 이 외에도 많은 개인과 단체가 직간접적으로 많은 도움을 주시고 격려해 주셨습니다. 여기에 모두 밝히지 못하는 것을 죄송하게 생각합니다.

말할 필요도 없이, 가장 크고 또 가슴 아픈 감사는 구술자 한 분 한 분께 드리고자 합니다. 이 책이 발간될 수 있었던 것은, 무엇보다 용기를 내어 아픔과 고통의 기억을 다시 떠올리고 장시간 진심으로 이야기를 해주신 구술자가 있었기 때문입니다. 오랜 시간 이야기를 나누며 함께 공감하기도 했지만, 그 아픔과 고통을 어떻게 가늠할 수 있을까 싶습니다. 더 큰 도움이 되지 못함을 안타까워하며, 이 구술증언록 100권의 발간이 피해자분들에게 조금이라도 위로가 될 수 있기를 기원합니다.

2019년 4월

4·16기억저장소 구술팀 책임자
서울대학교 인류학과 교수 이현정

차례

■ 1회차 ■

■ 2회차 ■

잠수사 전광근

구술자 전광근은 가장 먼저 세월호 참사 현장으로 달려가 희생자들의 수색에 뛰어들었던 잠수사 중 한 명이다. 전 잠수사는 참사의 소식을 안타까운 마음으로 지켜보다가 더 늦기 전에 아이들을 살려야겠다는 마음에, 잠수 장비를 챙겨 한걸음에 진도로 달려갔다. 2014년 4월 17일, 전 잠수사는 바지선이 도착하기 전임에도 불구하고 위험을 무릅쓰고 잠수를 시도했고, 이후 금호바지, 언딘 리베로 바지에서 7월 초까지 아이들을 수습하는 일에 혼신을 다했다.

전광근의 구술 면담은 2017년 1월 22일, 23일, 2회에 걸쳐 총 4시간 50분 동안 진행되었다. 면담자는 이봉규, 촬영자는 김솔이었다.

구술자 본인의 프라이버시나 제3자의 프라이버시를 보호해야 할 부분을 제외하고는 구술자의 발화를 있는 그대로 전사했다.

1회차

2017년 1월 22일

1
시작 인사말

면담자   본 구술증언은 4·16 사건에 대한 참여자들의 경험과 기억을 기록으로 남김으로써 이후 진상 규명 및 역사 기술에 기여하고자 합니다. 지금부터 잠수사 전광근 씨의 증언을 시작하겠습니다. 오늘은 2017년 1월 22일이며, 장소는 제주도 서귀포시 솔대왓펜션입니다. 면담자는 이봉규이며, 촬영자는 김솔입니다.

2
구술증언 참여 동기 및 근황

면담자   네, 물론 저희가 면담을 부탁드렸습니다만, 이 외에도 본 구술증언 사업에 참여하게 된 동기가 혹시 있으면 말씀해 주십시오.

전광근   일단 제가 겪었던 거를 누군가는 또 알아야 되는 거고 또 차후에 또 이런 일들이 또 있었을 때 '금전적인 목적이 아니고 자발적으로 가게 됐다' 그거를 누군가는 좀 알았음 하는 바람이 일단 우선이고요. 또 저희는 거짓이 없어요. 있는 그대로 제가 했던 거, 확실한 얘기들만 뭐 "기억에 오래 보존하신다"고 하니까 말씀드릴라고 왔습니다.

면담자   더해서 이 기록이 어떤 목적으로 사용됐으면 하는 바람 있으십니까?

전광근   일단… 일단 세월호 수습, 저희가 이제 주목적[으로]
했던 게 수습 과정이잖아요, 학생들 수습하고, 또 그 속에서 가족들
이 아파하는 모습도 직접 본 거고. 일단 진실이 알려졌으면 좋겠어요.

면담자   예, 현재 어떠한 일하고 계신지 근황 말씀 부탁드립니다.

전광근   일단은 개인사업자를 갖고 있습니다, 에이스수중이라고.

면담자   에이스수중이요?

전광근   예, 소재지는 평택에 있구요. 일단 사업, 사업을 하고
있지만 사업하는 게 좀 어려워서 지금은 그냥 잠수사 일을 다른 사
람 밑에서 일을 하고 있습니다. 사업도 병행하는데 이게 녹록지 않
아서, 일단 지금….

면담자   그 일은 주로 하시는 것이 역시 잠수와 관련된 건지요?

전광근   예, 산업, 산업 다이빙, 수중공사, 산업 다이빙 쪽 하
고 있습니다.

3
잠수사가 되기까지의 과정

면담자   예, 이제 4·16 이전의 삶에 대해서 먼저 여쭤보겠습니
다. 고향과 가족에 대해서 먼저 좀 말씀해 주십시오.

전광근   저는 경기도 평택시 진위면 소재지 하는, 소재하고 있는, 지금은 동네 이름도 바뀌었고 마을도 없어졌지만, 그곳에서 3남 1녀로, 3남 1녀 중에 3남이죠, 3남이고요. 어렸을 때 당시에는 뭐, 제가 또 쌍둥이거든요.

면담자   아, 예.

전광근   둘째, 첫째 형 있고, 둘째하고 저하고 쌍둥이고, 여동생 하나 있고, 부모님들 아직도 잘 건강하게 살아 계시고. 근데 이거 어디까지 얘기를 해야 되나요?

면담자   편안하게 해주시면 됩니다. 이야기하시고 싶은 만큼 이야기 다 하시면 좋습니다.

전광근   어렸을 때, 어렸을 때 그 내용들?

면담자   예, 유년 시절이랑 학창 시절에 대해서도 여쭐 예정이었습니다.

전광근   그러니까 저희는 이제 남자들이 많잖아요. 살다 보면 이제… 뭐 형제들끼리 싸움도 많았고, 또 부모님이 또, 아버님이 또 엄하셔 갖고.

면담자   아버님은 무슨 일을 하셨는지요?

전광근   아버님은 그전에는 뭐 회사생활도 하셨고, 목수 일도 하셨었고, 지금은 이제 농사일 주로 하시고. 어머님은 아버님 도우면서 같이 하시는 거고. 어렸을 때는 할머니랑 거의 생활을 많이 했어요. 저희 할머니 같이, 같은 집에서 같이 살다 보니까 할머니하고 유대 관계가 좀 깊었죠. 뭐 학교 학창 시절에는 그렇게, 제가 어디까지 솔직히 얘기해야 될지 모르는데…, 쌍둥이다 보니까 학교 다니면서 놀림을 많이 받은 거 같아요. 그 동네에, 우리 동네에, 사는 동네에 쌍둥이들이 많았어요. 쌍둥이가 [그 동네에] 한 50가구 되는데, 50가구 중에서 한 다섯, 여섯 가구가 쌍둥이였었고. 그 당시에는 뭐 체격도 그렇게 크지도 않고, 또 부모님이 엄하다 보니까 못된 짓을 못 하게 많이 하셨죠. (웃으며) 조금 잘못하면 막 혼나고 하니까.

면담자   개구쟁이셨던 모양이네요.

전광근   개구쟁이 아닌데, 일단 뭐 남자 형제들이 많으니까 그런 면에서 부모님들이 좀 엄하게 하셨던 거 같아요.

면담자   집안에서 특별히 종교가 있다거나, 아니면 특별한 활동을 했던 그런 건 있었습니까?

전광근   종교는 그 불교를 이제, 부모님들이 불교를 믿으시고 저희도 불교를 믿는데, 제가 뭐 불교를 믿는다기보다는 그냥 집안에서 부모님들이 일률적으로 발걸음을 하시니까. 한번은 어렸을 때 교회 한 번 갔다가 아버지한테 혼나갖고, (면담자 : (웃음)) 지금은 그러시진 않으시지만… 그런 기억도 있어요. 교회 갔다가 부활절 날 교회 가서 계란 얻어먹고 다니다가 혼난 적도 있고. 일단 쌍둥이다 보니까 형보다는 바로 위 쌍둥이하고 이제 같이 매번 어울러서 다니고. 좀 동네 살던 데 친구들도 지금은 또 기억나는 것은, 어렸을 때는 그냥 재미있게 지낸 거 같아요.

면담자   학창 시절 때 그렇겠습니다만, 그때 당시에 잠수사를 꿈을 꾸시진 않으셨을 거 같은데요.

전광근   아, 그때는 모르죠, 그때는 그런 잠수사 자체도 몰랐고. 일단 물에 들어가다 한번 죽을 뻔했었거든요. 초등학교 5학년 때인가, 그때 국민학교 5학년 때, 얼마, 수심도 얼마 안 하는 2미터 얼마 안 되는데, 개울가에서 놀다가 친구 놓쳐갖고 물에 빠져서 죽을 뻔했는데 아저씨가, 거[기] 같이 놀러 온 아저씨가 건져주서 가지고 살았고. 또 이제 그 뒤로도 일단 그 동네 근처에 저수지가 있어요, 농업용 저수지인데. 거기도 수심이 한 5미터 정도 될 거예요. 근데 그런 물에 한번 빠져서 잘못될 수 있는 경험을 하고 나서도, 그 저수지에서 매일 놀러 가서 노는 거예요 친구들하고, 어렸을 때 친구들하고 저수지에서. 저수지에서 또 물도 탁하고, 또 수심도 깊고 한데… 모르겠어요. 수영을 뭐 누구한테 배우진 않았지만, 그래도 저수지에서 물에 떠 있는 거, 놀고. 방학 때 되면 매일 갔어요, 매일. 누가 먼저 가나 시합한 것도 아닌데, 아침에 일어나서 씻고 밥 먹고 그러면 해 뜨자마자 바로 저수지에 가갖고 기다리는 친구도, 거기 놀라고.

면담자   그러면 잠수사는 어떤 과정에서 이제?

전광근   제가 이제 잠수사가 되기까지는 좀 우여곡절이 많은데요. 일단 이제 고등학교를 졸업하고 이제 직장을 다녔어요. 친구랑, 같은 이제 고등학교 친구랑 회사를 다니다가 한 3개월인가? 잘 다니고 있는데, 신입 사원이 들어온 거예요. 근데 해병대 나온 형이죠, 그 당시에 형인데. 그 당시에 월급이 내 친구하고 130만 원인가 받았어요. 근데 군대 갔다 왔다고 신입 사원 하는데 우리보다 50만 원을 더 받는 거예요. 어, 이거? 무슨 군대 갔다 왔다고. 어차피 그 회사에서는 우리가 먼저 들어가서 일하고 있었던 거고, 숙련도나 또 일할 수 있는 기술적인 면이나 해서 우리가 더 월등한데도 군대 갔다 왔다고 돈을 더 주는 거예요. '이것 봐라?' 그리고 친구랑 상의 끝에, 친구 네 명이서 이제 군대를 가기로 작정을 했어요. (면담자 : 같이?) 예, 같이.

그래서 어디를 갈까 하다가 한 친구가 자기는 해군을 간대는 거예요. "그래? 해군이냐?" 그러고 뭐 그냥 대수롭게 생각지도 않았어요. 근데 진짜 해군을 가더라고요. 그래서 이 친구[가 가고] 이제 나머지 세 명이 남았잖아요. 근데 친구가 세 명이서도 "야, 친구가 해군 갔으니까 우리도 해군 가자" 그래서 같이 세 명이서 같은 날 병무청, 수원병무청 가갖고 같이 지원을 했어요. 했는데, 이제 저하고, 제가 이제 생일이 빨라서 학교를 빨리 갔으니까, 저하고 또 생일 비슷한 친구는 떨어진 거예요. 친구 한 명만 먼저 가게 된 거고, 기수가 해군 기수가, 먼저 가게 된 거고. 또 이제 저하고 같이 가게 된 친구하고는 떨어진 거예요. 그다음 달로 밀린 거죠, 생일 늦다고. 그래 이제 그 친구하고도 어차피 친구들이 해군 갔으니까 "해군 가자" 그래 갖고 지원서를 냈으니까, 다음 달에 또 이제 합격통지서가 왔더라고요, 해군에. 그래서 일단 또 해군을 갔어요.

저는 그때까지만 해도 군대 개념을 솔직히 몰랐어요. 고등학교 때 교련도 배웠고 계급이 있다는 건 알았지만 제 생각에는, 그 당시 생각에는 그냥 병으로 가서 하사관도 달고 장교도 달고 별도 달고 그런 줄만 알았어요. 무슨 하사관이 있고 장교가 있고 그런 개념이 전혀 없었던 거고. 군대를 갔는데 계급이 이등병부터 시작하잖아요. 이등병 때 이제 기합 들어갔고, 이제 해군이 어떤 데도 모르고 군대 가갔고 이제 훈련을 받으러 갔는데, 훈련받으러 갈 때 부모님하고, 이 친구는 어머님이 안 계셔서 친구 아버님하고 같이… 그 훈련소가 진해에 있어요. 경남 진해에 있는데, 거기 이제 기차 타고 내려간 거예요. 내려가서, 우리 부모님들도 이제 아들 군대 가니까, 3형제 중에서 최고 빨리 간 거예요. 쌍둥이 형도 나보다 늦게 갔고, 큰형도 나보다 늦게 간 거고, 어떻게 보면 군대를 최고 빨리 갔는데, 빨리 갔는데도 이제 해군을 가게 된 거죠.

배 타면 또 위험하다고 집에서도 뭐 말리지는 않았지만, 해군 간다니까, 아들 간다니까… 그냥 보내주시더라고요. 그래서 해군을 가게 됐어요. 갔는데 이제 기초교육 훈련받다가 조교가 그러는 거예요, "어디 아픈 사람 손 들으라"고. 근데 친구는 배가 좀 아팠나 봐요. 배가 아프다고 손 들어갖고 나간 거예요. 근데 "집에 가라" 그러더라고요, 그래서, "아니, 아프다고 손 들으란 사람을 왜 집에다 보내냐?" 그래서, 친구[한테] 내가 앉아갖고 "야, 너 여기 아버님까지 먼 길 오시고. 가면 되겠냐? 가지 말자, 이리로 와라"[고 말하며] 친구 이제 붙잡았어요, 어차피 같이 또 군대를 가게 됐으니까. 그러니까 그 친구는 "그럴 줄 모르고 손들었다" 그러고. 그 친구가 나보다 키가 좀 커요. 군대에서, 군대는 키 순서로 줄을 서잖아요. 서다 보니까 어떨 때는 내가 까치발 들어갖고 키 비슷하게 맞추고, 어떨 때는 그 친구가 좀 낮춰가지고, 그러니까 항상 따라다닌 거예요. 기초교육부터, 그 후반기 교육부터, 자대배치 하는 데까지 키 순서로 다 해서 가니까 따라가게 된 거예요.

그 이제 자대를 어디로 받았냐 하면 동해로 받은 거예요. 동해로 받았는데 동해에서 그 당시 구축함이라고 큰 배가 있어요. 이게 미국에서 갖고 온 배라고, 구축함이 동해 쪽에 1함대에 두 대가 있는 거예요. 또 대기대에서 이름을 부르기 시작하는 거예요. 이제 군번대로 누구, 누구, 누구 부르다가 친구 이름까지 딱 부르는 거예요. "어?" 여기서 이제 갈라지게 된 거야. 친구는 그 당시 강원함이라고 있고, 저는 이제 충북함인데, 강원함, 친구까지 딱 호명되고 나서 "여기까지 강원함" 그러는 거예요. 그래서 그다음부터는 내 이름 부르기 시작, 또 여기서 몇 명 불러갖고 거기서 이제 갈라지게 된 거예요. 친구는 강원함 간 거고 저는 이제 충북함이라는, 같은 종류의 배인데 배를 이제 나눠 타게 된 거죠. 또 그 당시에 먼저 간 친구, 먼저 간 친구도 그 동해 쪽에 1함대에 있었던 거고, 어쨌든 거기서 갈라졌으니까.

졸병 때잖아요. 친구들 있다고 보러 갈 수도 없는 거고 멀리서만, 누구 나가면 '누구 친구 어디 친구 있으니까 얼굴이나 보겠구나' 했는데 한 번도 못 봤어요. 6개월 동안 동해 근무하면서 한 번도 못 보고, 얼굴 보기도 힘들더라고 친구. 근데 일단 그 당시에는 구타도 없다고 하지만, 구타가 좀 있었어요. 배에서 매일, 그냥 우리 선임자가, 기수가 네 기수 많은 기수들이 있는데, 그 기수가 13명 있어요. 13명 있고 우리 기수, 바로 밑에 우리 기순데 우리 기수가 9명 있는 거예요. 13명 눈에 9명이 보이니까 매일 꼬투리 잡아갖고 매일 빠따 맞고 기합받고…. 이거는 아닌 거 같더라고요, '야, 이거 군생활 이렇게 힘들게 해서 되겠냐. 내가 잘못한 것도 아닌데 맞을 일도 아닌데'. 근데 그렇게 군생활 하다 보니까, 그 이제 배가 출동을 나가면 한 일주일, 열흘 정도 출동을 나가요. 출동을 나갔다 들어오면 바깥에 이제 일반, 육상 쪽에 화장실이 있어요. 어떻게 이제 배에 내려갖고, 배에서 이제 정박해 갖고 배에서 내려갖고 화장실을 갔는데 화장실을 들어가는 입구에, 그 당시에는 뭐 잠수사는 SSU니 UDT가 있니, 그런 것도 몰랐으니까. 벽보에 '심해잠수사'라고 써 있는 거예요. '어, 이게 뭐지?' 그게 하여튼 딱 눈길이 가더라고요 포스터가. 그래 갖고 '심해잠수사, 심해잠수사가 뭐지?' 한참 궁금해하다가 이제 저 같은 배에 탔던 선임자가 한 명 있어요. 한 명 있는데 그 선임자가 집이 비슷해요. 나는 경기도 평택인데 그 사람은 경기도 신갈, 수원 밑에 거기. 그 선임자랑 같이 어울리다 보니까 내가 그 양반한테 "지원 한번 해보자" 해갖고 몰래 지원을 한 거죠. 몰래 지원을 했는데.

면담자   그 선임자랑 같이?

전광근   예, 같이 지원해서 몰래, 몰래 지원을 했어요. 군번 불러주고 전화로 했는데, 그랬더니 지원을 하게 됐는데, 또 이제 선임자들이 알면 또 혼나니까 몰래 지원하고 쉬쉬한 거예요. 근데 갑자기 이제 신체검사하는 날짜가, 이제 우리도 몰랐죠. 그 공문이 온다고 그러더라고요 배로. 해난구조대, 그 당시에 "해난구조대 지원자 총원 비행갑판에 집합" 하는 거예요. 처음에 해난구조대도 뭔지도 몰랐어요, 심해잠수사만 지원했었으니까. 처음에는 긴가민가 해갖고 거기 있는데, 그 앞에 하고 있었는데 다시 또 방송이 나오더라고요. "해난구조대 지원자 총원 비행갑판에 집합" 하는데, 그날 출동을 나가는 날이에요. 그래서 "해난구조대가 뭐냐?"고, 그 선임자한테 가서 "해난구조대가 뭐예요?" 그랬더니 "혹시 모르니까 가볼까?" 그러는데, 가보니까 이제 그 SSU 부대 지원한 사람을 이제 신체검사 보내줄라고, 처음에는 보내줄라고 그런 게 아니라 파악하려고 불렀더라고요. 그러니까 '우리 두 명만 있으면은 어떻게 하나' 걱정으로 갔어요. 근데 우리 말고, 우리 포함해서 13명인가가 몰래 지원을 한 거더라고요. 그 배에 한 300몇 명이 탔는데 거기서 13명인가가 지원했더라고요.

했으니까, 딱 지원했는데 "니들 선임자 허락도 없이 지원했으니까 못 간다" 처음에는 그렇게 얘기하더라고요. 못 가게 하는 거예요. 야, 이건 이제 어떻게 보면 뽀록난 거 아니에요, 선임들한테. '죽었다. 또, 또 건수 만들었구나' [싶었는데] 근데 갑자기 그 포술장이라고 소령님이 "니들이 진짜 갈 마음 있으면 잘 가서 신체검사받고 오라"고 하더라고요. 그래서 내리게 된 거예요. 그 자리에서 신체검사를 받게 된 거예요. 신체검사받을 때도 뭐가 뭔지 모르잖아요. 수영 영법을 보고 뭐 턱걸이를 하고 팔굽혀펴기를 하고, 뭐 기초체력을 검사를 하는데, 그 당시에는 뭐 운동도 한 것도 없고, 수영도 한 것도 없고 하여튼 최대한으로 했어요. 최대한으로 턱걸이도 열심히 하고 달리기도 열심히 하고….

수영도 영법은 모르니까 물에 뜨는 거는 어렸을 때 저수지에서 놀던 게 있으니까 뜨는 건 자신이 있었으니까. '떠만 있자, 떠만 있자' 그랬는데, 그때 앞 번이, 내 앞에 먼저 수영 시범을 보이는 애가 수영 잘하더라고요. 나중에 알고 보니까 경남체고 수영, 체고 나왔더라고, 그 친구가. '수영 저렇게 하는 [거]구나', 그래서 나도 그걸 보고 걔를 따라 한 거예요, 영법을. 그 당시에 이제 평영을 했으니까, 평영을 보고, 자유형을 보고 하는데, 또 그 친구가 수영 잘하는 거 같더라고. 그래서 그거를 딱 눈여겨보고 따라 한 거예요. 그래 갖고 신체검사를 잘 봤는지 안 봤는지는 모르겠지만 일단 잘 보고 다시 배로 왔어요.

배로 이제 복귀를 했는데, 발표 날짜가 이제 보름인가 열흘인가 뒤에 발표인데 선임자들이 그때부터는 안 건드리더라고. '아, 이 친구 특수부대 갈지 모르니까' [하고 생각해서인지] 안 건드리더라고. (면담자, 구술자 웃음) 그래서 '다행이다' 그랬는데 '야, 이거 떨어지면 어떡하냐' [하고 걱정했어요]. 근데 우연치 않게 저하고 그 같이 지원했던 선임자만 딱 붙은 거예요. 13명 중에 11명은 떨어지고 13명 중에 두 명만 붙은 거. 두 명이 붙으니까 "야, 우리 이제 됐다, 배에 내리기만 하면 된다" [했죠].

그 배에서 이제 내려갖고, 그 SSU 훈련받는 데가 진해예요, 진해. 진해로 가는 발걸음이 그 당시는 무거웠던 거 같아요. '야, 이게 말로만 듣던 특수, 어떻게 보면 특수부대인데, 훈련은 더 힘들 거 같고. 여기서 하는 거보다 더 힘들지 않을까?' 그런 고민, 고민하면서 내려갔던 거[예요]. 내려갔는데, 그 당시 80명인가? 같이 훈련 초기에 동기생들이 80명 정도 됐는데 보니까 뭐 대위서부터 말단 이제, 한 달 전에 군대 들어온 이등병부터. 저희는 한 군생활 6개월 정도 했으니까 일병 달고.

　　그러니까 그때부터 이제 계급이 없어진 거예요. 생도 번호가 나오는 거야, 1번부터 80번까지 생도 번호. 몇 번 생도 그러면 그 당시에는 대답을 "악!" 그랬어요, "악!", 대답을 "악!", 그러니까 처음에는 '뭐지?' 그 생각을…. 근데 첫날 가자마자 구보를 시키는 거예요. 근데 뭐 배에서만 생활을 하다 보니까 뭐 달리기를 할 수 있어요? 배에서도 못 뛰게 하니까. 근데 구보를 오랫동안 안 하다, 달리기를 오랫동안 안 하다 보니까 그날따라… 그러니까 5킬로[미터]인가 전력구보를 하고 중간에 뭐 하는데, 구보하고 나서 딱 정지한 상태에서 하늘이 노래지는 거예요, 막 어지럽고. 그걸 교관이 본 거예요. 보더니 다시 면담을 바로 신청하고, 면담을 바로 하더라고요. "전광근 생도, 훈련받을 수 있겠냐?"고 그래서 "받을 수 있습니다" 그랬더니 "너 아까 구보하는 거 보니까 훈련 못 받을 거 같은데, 지금 늦지 않았으니까 퇴교해도 좋다", "아닙니다. 제가 훈련을 한번 해보겠습니다" 그러고 나서 이제 훈련을 받게 된 거예요, 첫날부터.

　　(웃으며) 훈련받으면서도 80명이니까 누가 누구인지 모르잖아요, 처음에는. 이제 같이 갔던 선임자도 훈련받다가 퇴교를 당한 거예요. 어떻게 보면 훈련 강도가 점점 심해지면서 낙오되는 사람들이 많아지는 거예요. 거기서도 이제 같은 동기, 같이 군대 했던 기수가 또 있어요. 저희 기수가 네 명 있었는데, 또 그 네 명끼리는 이제 또 마음이 잘 맞으니까 "우리만이라도 열심히 한번 해보자" 하면서, "다

수료하자" 그래 갖고, 그 친구 네 명 동기들, 다른 생도들 말고 그 동기 네 명이서 친하게 지냈던 거죠. 그 친구들하고, 그 동기들하고 힘들면 얘기하고 하면서 하고, 그 당시에는 그랬어요. "남들이 하는데 우리 못 하겠냐? 남들도 다 해서 저렇게 훈련받고" 그때 당시 그 군복이 멋있었거든요, SSU 군복이 멋있었어요. "다들 힘들게 해서 저 사람들도 다 이 과정을 거쳐갖고 했는데 우리 못 할 거 뭐 있냐? 한번 해보자" 해갖고 힘들어도 그냥 진짜 악으로 버틴 거죠.

뭐 남들 수영하면 따라서 하고 구보하면 따라서 하고 또 이제… 또 이론, 이론도 좀 많이 배워요. 잠수이론, 물리학 같은 거. 고등학교 때 공부를 그렇게 했으면 대학을 좋은 데 갔을 건데, (구술자, 면담자 웃음) 그렇게 공부를 또 한 거예요. 그게 또 시험 보고 하면은, 과락 되면은 또 퇴교하니까 책도 많이 보고 운동도 많이 하고 훈련을 받았어요. 근데 그 당시 '이제 잠수하는 부대인데, 이렇게 계속 기초체력만 계속할 거냐' 의아해한 거예요, 우리도. 근데 나중에 이제 그 스쿠버, 잠수 장비를 착용하고 물에 들어가려고 준비를 하니까 야, 이 잠수 장비가 엄청 무거운 거예요. 이거 웨이트 벨트[몸의 부력을 조절하기 위해 사용하는 벨트]도 무겁고 공기통도 무겁, 장비 자체가 무겁더라고요. '아, 이게 체력이 없으면 잠수를 할 수가 없구나. 그리고 또 구보를 하는 이유도 폐활량을 키우기 위해서 하는 거고. 야, 이게 훈련 과정의 일부구나', 이게 생도들 골탕 먹이면서 할라고 그런 게 아니고, 이게 체력을 미리 기초체력을 키우기 위해서 수영도 힘들게 시키고, 구보도 힘들게 시키고 그렇더라고요.

그래서 처음에 잠수 장비가, 물에 들어가는 게 낯설은 거잖아요,

한 번도 [장비를 써본 적이 없는데], 뭐 그것도 바다에 그냥 들어가서 잠수를 하라니까. 처음에는 잠수를 하면서, 이퀄라이징이라고 이제 그 균형 맞추는 거 있잖아요, 그걸로 들어가는데 처음에 막 귀가 찢어질 거 같아요, 근데 그것도 안 배웠으니까. 또 거기서 배운, 가르쳐주는 대로 하니까 되더라고요. '아, 이렇게 하는 구나' 해서 잠수를 잘 통과하고, 또 힘든 일, 힘든 훈련 과정도 잘 마무리해서 수료를 하게 된 거죠. 수료할 당시 80명, 처음 훈련받을 당시 80명인가가 왔는데 수료할 당시에 36명 남았더라고요, 다 퇴교하고. 그래서 36명에 끝까지 남아서 수료한 게, 누구보다 내 자신 자체가 아유, 자랑스러운 거더라고요. 누가 뭐 옆에서 봐서 뭐 응원해 주고, 부모님들이 응원해 주고 그런 게 아니고 내 스스로 '이런 힘든 일도 겪었구나'. 어떻게 보면 여태 이제까지, 앞으로도 살 일이 더 많을 건데 내가 이런 힘든 일들이 앞으로도 또 없으리라 생각은 하지 않았지만, 내 스스로가 자랑스럽더라고요, 그때 훈련 마치고 나서 수료하면서.

집에 딱 가니까 부모님들이 놀라는 거예요, 얼굴 새카매져서 왔지, 또 뭐야, 군복도 해군에 갔는데 군복, 해군 군복도 안 입지. 부모님들한테 "어떻게 해갖고 잠수하는 부대로 가게 됐다" 설명해 드리고…. 부모님들도 좋아하시더라고요, "힘든 일인데 잘 버티고 왔다"고. 우리 아버님이 항상 가면, 이제까지도 어디 가면 자랑해요, "아들이 이런, 이런 데 나왔다. 힘든 이런 데. 돈은 많이 벌지 안 벌지 모르지만" [하면서요]. (구술자, 면담자 웃음) 많이 버는 걸로 알고 계세요, 부모님들도. 잠수를 하게 된 계기는 그거 같아요, '내 스스로가 그 훈련 자체를 잘 이겨냈다, 아무리 힘든 과정도 잘 버텨냈다'는 거.

그러고 이제 또 그런 동기들하고 우애가 아직도 연계돼서 연락하고, 36명 전부 다는 아니지만 연락들 하고. 아직까지도 한 20년 넘었는데 지금 동기들 만나면은 그런 얘기하죠, 훈련받을 때.

그러고 나서 이제 실무 수료를 하고 훈련을 다 마치고 이제 실무에 딱 들어서는데, 이름이 해난구조대예요. 해난 사고 났을 때 일단은… 군함이 침몰됐다든가 잠수함이 침몰됐다든가 하면 가서 인명 구조하고, 선박 인양하고 하는 일로 우리는 알고 있었던 거죠. 군생활 하면서 그런 사건들이 없었어요. 뭐 제대 말년쯤에 [19]96년도 10월쯤에 북한 잠수정 나온 거, 그때 한 번 파견 나갔다 온 거. 또 그 당시에는 신안 유물, 도리포, 도리포 신안 유물도 거기 파견 가서 문화재 인양하고. 또 특별한 군대생활 하면서 특별한 이런 재난이라든가 크게, 큰 사건이 없었어요.

무사히 군생활 잘 마치고 제대를 했는데, 제대를 하면서 이제 저희 부대 인원이 얼마 안 돼요. 150명밖에 안 돼요, 총인원이. 총인원이 150명인데 이제 밑에 기수들 빼고, 선임자들 찾아다니면서 인사를 해요. 제대 신고를 하면서 각종 파견지나 어디 배 같은 [데 계시는] 선배님들한테 가서 인사를 한단 말이에요. 인사를 하고, 선임자한테 인사를 하는데 집이 어디냐고 물어보길래 "평택입니다" 그랬더니, "평택 일대에 동기가 이 잠수 일 지금 하고 있으니 제대하고 한번 찾아가 봐라" 그래서, 제대를 했으니까, 제대를 하고 나서 이제 며칠 쉴까도 생각했지만 또 근처에 선배님이 계신다고 하니까 제대하자마자 선배님한테 인사드리러 갔어요. 갔는데 그 당시 선배님이 사람이 필요했는지 "내일부터 당장 출근하라"는 거예요(웃음). 그래서 저하고 동기들 세 명이서, 저 포함해서 세 명이서 우연치 않게 그 선배 밑에 가서 일을 하게 된 거예요.

근데 잠수 자체를, 군대에서 배웠던 잠수 장비도 아니고 그냥 적당히 갖고서 물로 막 들어가고, 장비도 막 후진 거, 공사 현장에 갖고 쓰는 거, 그런 거 막 끼고 물에 들어가라니까 우리보고 죽으라고 들어가라는 얘기잖아. 그래[서] 처음에는 망설였어요, 이 일을 해야 되는 건지 말아야 되는 건지 고민도 했었고. 근데 선배님이 와서 또 어떻게 보면 또 가르쳐줄라고 하는 거고 또 그 당시 잠수사 하면 돈 많이 번다는 얘기도 하고 그래 갖고 "아유, 그래 한번 해보자. 군대 훈련도 받았는데 이거 못 하겠어?" 그래 갖고 친구 세 명이서, 아니 동기 세 명이서 그 일을 시작하게 된 거죠. 그 당시가 언제냐면 97년도 1월 달, 제가 1월 6일 날 제대했는데 1월 9일인가 10일인가부터 일을 한 거예요, 제대하고 3일도 못 쉬고.

가서 그 일을 하다 보니까. 아… 선배, 또 군대에서도 어차피 선배님도 계시지만, 밖에 나가면 10년 정도 차이나는 선배들 막 5년, 6년 차이가 나는 선배들 밑에서 일을 하다 보니까 그때도 기합이 들은 거예요. 군대 제대했는데도 군대의 연장인 거 같더라고요, 군대. 일단 군대에서 딱 갇혀 있는 생활은 아니니까, 밖에 나가서, 내가 하기 싫으면 그만두는 거고. 그 당시에는 딱히, 그때 그 당시에 IMF거든요, 딱히 내가 뭐 다른 일을 할 거 같으면은 뭐 취업도 하고, 뭐 수영장 가서 수영 강습도 하고 또 해경도 들어갈 수 있으면 해경도 들어갔을 텐데. 또 잠수 일 자체가 힘든 일인지를 그때는 몰랐거든요. 그냥 어떻게 보면 돈 많이 벌고 또 선배님들한테 일 배운다는 욕심에

1년, 2년 버티다 보니까 지금까지 오게 된 거 같아요.

왔는데, 그 당시 이제 1년 정도 일하고, 한동안 '잠수 일을 못 하겠다 힘들어서', 그러고 나서 이제 수영장에 가서 아르바이트도 하고, 또 다른 일도 한번 생각해 보고 했는데…. 그 당시 유성수중이라는, 지금 유성수중인데 또 선배님들이 또 일이 있다고 와서 오라고 그래 갖고 갔던 데가 인천이에요. 인천에 공항고속도로 연륙교 작업하는 현장이라고, 그래 가지고 '이런 일을 또 하는구나', 다리 교각도 만들고. 거기서 이제 선배들한테 또 일을 배우기 시작한 거예요. 근데 그 선배님은 잘해주시더라고요. 후배라고 해서 챙겨주시고 저랑 한 15살, 20살 가까이 차이가 나시는 분인데 잘해주시더라고요. 월급 날 되면 월급도 따박따박 주고 또 일 잘하면 돈도 좀 올려주시고. 그래서 또 그 밑에서 또 한 15년을 근무를 한 거 같아요. (면담자: 15년?) 예, 그 밑에서 15년을 근무를 하고, 여러 가지 안 해본 일 없이.

그중에 한 분이 이제 공 이사님, 공[우영] 이사님도 그 회사에 계시니까. 그분들한테 배운 게 누구, 진짜 남한테 내가, '나도 누구한테 가르쳐줘야겠다' [싶을 정도로] 내가 나만 알기에는 너무 아까운 기술이고. 선배님도, 선배님들, '여기 선배님들이 그렇게 또 나한테 가르쳐줬으니까 나도 후배들이 나오면 가르쳐주자' 그런 마음으로 열심히 배우고 이 길을 한 길을 계속 버텼는데, 후배가 안 나오더라고요(웃음). 후배가, 후배들이 힘든 일인 걸 벌써 다 알고, 요즘 애들은 뭐 인터넷도 발달되고 이 잠수 일이 힘들다는 걸 알고, 또 그다음에 이제 선배들 잘 만나야 되는데 잘못된 선배들 만나면 돈도 안 주고 일만 부려먹고 하는 게 많았어요. 돈 받으러 다니는, 일하고 돈 못 받으면 그거만큼 서러운 게 어디 있겠어요? 우리는 이제 그런 경험은 없지만 선배님들, 좋은 선배님들 만나서 일 열심히 잘 배우고, 또 내부서류도 많이 만들고. 그 당시에 그냥 뭐 남들한테 일 못한다는 소리 안 듣고, 지금은 '아, 내가 잠수를 하게 된 게 잘한 선택이구나' 이렇게 할 수 있는….

면담자 그러니까 이른바 특수부대 출신이신 셈이 되는 건데요. 그때 이제 군인으로서 혹시 당시 생각했던 국가나 군에 대한 생각이나 인상들은 당시 생각했을 때 어땠다고 보십니까?

전광근 그 당시에는 일단 해군에서도, 하여간 해군 특수부대라고 하면 UDU도 있고 UDT도 있고 SSU도 있고. 군생활을 하면서 일단… 내가 군생활을 하면서 어디를 갔냐 하면 망상해수욕장이라는 데 파견을 나간 적 있어요, 인명구조요원으로. 망상해수욕장이라는 데가 들어보지도 못한 덴데 강원도에 있더라고요. (웃음) 망상해수욕장으로 파견을 가는데, 어떻게 [해변을] 가르냐면 군 휴양지가 따로 있고 일반 민간 해수욕장이 따로 있는 거예요. 같은 해변에 철조망 하나 쳐놓고 여기는 이제 군 가족들 와서 하는 데고, 여기는 이제 민간인들이 와서 하는. 우리는 군인이니까 군 휴양지에서 이제 하게 된 거예요. 하는데 야, 그 당시에도 무슨, 모르겠어요 뭐 투 스타 아들, 별 두 개짜리 아들내미가 왔는데, 왔다가 여기 놀다가 수상스키를 타다가 수상스키 그 줄을 놓쳤다고 하더라고요. 그거 우리보고 찾아달라는 거예요. 그 넓은 백사장 바다에서 우리보고 찾아놓으라고 하는 거예요. 야, 그걸 어떻게 찾아놓냐…, 한 이틀 찾다가 없다고 얘기하고 말았는데.

그 당시에도, 그 당시에 이제 망상해수욕장 파견 나간 우리 대원들이 다 선임자들이에요. 이제 막내로 갔는데 아… 그 당시는 이제 뭐 몸도 좋았어요, 운동도 많이 하고 몸도 좋았고. 근데 지금도 그 당시에 선임들 만나면 그 망상해수욕장에서 있었던 얘기를 막하면 재미있고 추억에 많이 남는데. 그 당시에 딱히 뭐 군대가 어떻다, 군대생활 하면서 이런 거는 잘… 지금은 잘 기억에 좀 안 나요. 군에 대한 감정 같은 것도 그냥, 아예 훈련이 힘들고 이런 거 잘 견뎌내고 했던 거 그거 외에는. 우리는 전투대원, 전투요원이 아니에요. 총은 1년에 한 번, 두 번? 그냥 저 뭐야 그냥 의무상 훈련할 때만 쏘고 하는 부대였었는데, 우연치 않게 또 사격 대회도 나가고 했어요. 총도 안 쏴봤는데 (웃으며) 사격 대회 한번, 실탄 줄 테니까 사격 대회 한번 나가라고. 그 당시 UDT는 전투요원이니까 사격도 많이 하는데 우리 비전투요원들한테 총 주고 사격하라는데, 어떻게 또 사격하다 보니까 잘 맞았는지 "야, 너 사격 대회 나가 봐라" 그래 가지고 UDT 부대 가갖고 UDT 대원들하고 사격 대회도 하고 그랬어. (웃으며) 웃기지도 않는 거지.

4
천안함 사건 당시의 잠수 작업

면담자   세월호 이전에 잠수사로서 그러면 수색이나 인명구조 경험은 있으셨습니까?

전광근   인명구조는 그 당시 군대 있을 때, 망상해수욕장에서
그 이제 동해안이니까 동해안에 너울성 파도 들어오면 이안류[역저
조류: 바다 쪽으로 흐르는 해류]가 생겨갖고 떠내려가는 학생들, 어린
아이들, 그리고 누군지는 기억이 안 나지만 그 사람도 저… 구조했
구요. 제가 지금도 가슴 아픈 게… 천안함 때. 천안함 때도 제가 이
제, 그때 당시는 해군하고 유성수중이라는 회사하고 인양을 하기로
계획을, 저 계약을 한 거예요. 그러니까 그 당시에는 제가 유성수중
직원이었으니까, 유성수중 직원이어서 잠수사를 또 여럿 고용을 해
서 그 인양을 하겠다니까 인양하라 하게 된 거예요. (한숨 쉬며) 천안
함 당시도 지금도 잊어먹지 않는 게…, 제가 세월호를 가게 된 계기
가 천안함이 큰 역할을 한 거예요.

    왜 그랬냐면, 천안함 때도 사고 나고 나서, 사고가 어떻게 났는
지 매스컴에 막 떠들고 했잖아요. 구조요원이 몇 명이 갔고, 또 구조
대가 몇 명 갔는데 매스컴이 봤을 때는 별로, 그 뉴스로 봤을 때는
제대로 물에 들어가는 것도 없는 것 같고, 또 그 당시에 해경도 있었
고 소방대에도 같이 군생활 했던 동기들이나 선배님들이 계시니까
물어봐도 제대로 물에 들어가는 사람이 없더라고요. 그 당시도, 천
안함도 세월호보다는 천안함이 더 작업 조건이 안 좋아요. 거기도
유속이 세월호만큼도 세고 수심도 세월호보다 깊고. 또 세월호, 진
도보다 팽목항, 아니 진도 맹골수도보다 시야도 안 나오고, 작업 시
간이 또 진도보다 더 안 나와요. 거기가 25분밖에 안 나와요 잠수 시
간이, 수심도 깊고. 그때 그 당시도 일단은 인양을 하러 갔는데, 뭐
처음에 가니까 이제 그 해군들이, 그 후배들이죠, 해난구조대 대원

들이 줄 매놨다고 해서 줄 타고 내려가서, 이거 천안함이 가라앉은 지점까지 내려가게 된 거예요.

내려갔는데 그 주변을 수색하다가 이제 같은, 같이 갔던 민간 잠수사들이 해군대원을 발견한 거예요. 실종된 대원들을 발견을 해서 우리가 그때 당시 우리가 수습 안 하고 "어디 있으니까…" [하고] 해군들한테 알려주고 해군이 다시 들어가서 인양하는 방법으로 그 당시에 했어요. 들어가기 전부터 소방대원이나 해경이나 또 해군이나 딱히, 어떻게 보면 군함이잖아요, 해군이 우선적으로 해야 되는 거고. 해군이 그만한 능력이 되는데도 그 당시에도 안 들어가고 저 인양을 안 하고 민간한테 떠넘긴 거잖아요, 돈을 주고. 그 당시에는 하여튼 그 뭐, 자세한 건 몰라도 장비가 없어서 그럴 수도 있고 인원도 부족할 수도 있고.

그랬는데, 일단 잠수할 수 있는 부대는 해군에서 UDT 하고 SSU밖에 없어요. 그리고 민간은 저… 뭐 관급에서는 소방 119구조대나 해경구조대가 있고 또 나머지는 이제 민간업체죠, 수중공사, 샐비지업체. 그중에서도 이제 88수중하고 유성수중하고 컨소시엄으로 천안함을 인양하게 된 거예요. 그리고 또 준비 과정에서 88에서, 해군이 88에게 연락을 한 거고, 88은 그만한 능력이 안 돼서 유성수중에다가 다시 이제 의뢰를 한 거고, 같이하자고 했던 거고.

면담자 그래서 결과적으로 해군이랑 유성수중이 인양을 맡은?

전광근 아니요, 아니죠. 원래는 해군하고 계약은 88이 했어요, 사인에는. 결과적으로 일은 다 유성수중이 하거든요. 근데 나중에 돈 나오고 나서는 (웃으며) 88이 돈을 다 가져간 거예요. 유성수중에서 일을 다 하고, 그 많은 잠수사들 챔버[체임버], 장비, 뭐 먹는 거, 자는 거 다 유성에서 다 했는데 결과적으로 해군하고 계약한 데는 88이니까 88로 돈이 들어간 거예요. 88에서 "야, 너들 인건비하고 요거니까 요거만 갖고 먹고 떨어져" 그런 거예요, 88에서. 그래서 유성 사장이 "그거 말도 안 된다. 이 일 자체를 원래는 유성수중, 내가 사인을 할라고 했는데". 88도 선배님이에요, SSU 선배님이라 이리저리 말도 못 하고. 어차피 선배님[이] 이러리라고 생각을 못 하고 그냥 "선배님 이름으로 사인하라"고 했는데, "이제 와서 이 포지션 자체가 이게 말이 되느냐. 일에 대한 자체는 위험 부담을 다 안고 유성수중이 한 건데". 결과적으로는 돈 받으니까 "야, 이건 너네 이만큼 들어갔으니까 이만큼만 가져가라"는 식으로 해버리니까, 유성 사장도 "야, 이건 아니다" 해갖고 이의를 제기해서 나중에는 돈을 받아낸 거 같아요.

면담자   그게 뭐 소송을 통해서 이뤄진 겁니까?

전광근   소송은 안 했는데 개인적으로 얘기해서 잘 원만하게 얘기된 거 같아요. 그러니까 내막까지는 잘 모르는데, 그때 당시도 매스컴에서는 수심이 깊고 작업조건이 안 좋으니까 6월에서 길게 1년까지 걸린다는 식으로 매스컴에 많이 나왔어요. 우리도 그렇게 알고 있었어요. 그만한, 그러니까 그 당시 그 수심에서 우리가 쓰고 있는, 평상시에 쓰고 있던 장비로는 거기까지가 한계예요. 공기로…, 그래서 저희가 이제 지금도 쓰고 있는 그 콤프레셔[컴프레서: 공기나 그 밖의 기체를 압축하는 기계]로, 에어 콤프레셔를 가동을, 작동을 해서 들어갈 수 있는 수심이 한계가 딱 거기까지예요, 50미터까지. (면담자 : 50미터) 예, 190피트죠. 190피트가 어떻게 보면은 딱 마지노선이에요. 그 밑으로 그거로는 못 들어가요. 다른 장비가 와야 돼요, 잠수장비가. 근데 그것도 이제 긴가민가한 거죠, 수심이 깊은데, '잘 건지면 다행이다' [했었죠].

천안함은 그 당시도 날씨가 안 좋고 작업 일수는 한 달 걸렸는데, 아니, 그러니까 거기서 작업한 일수로는 한 달인데 실제로 작업한, 우리가 이제 물에 들어가서 작업한 일은 12일이에요. 그 어떻게 보면 천안함은 12일 만에 건진, 인양을 한 거예요, 그것도 함미[를]. 함수는 인천에 해양개발이라는 데서 인양을 맡았거든요. 거기는 뭐 일하다가 체인을 끊어먹고, 뭐가 안 돼서 좀 오래 걸렸죠. 한 달 좀 넘게 걸렸죠. 그래서 토털 천안함 인양 기간이 한 달이 넘어가 버리는 거예요. 왜? 함수까지 다 인양해서 기간을 따지는 거니까. 함미는 수심도 깊고 그런데도 빨리 인양을 하게 된 거예요. 그 인양하면서도 잠수사들도 죽을 뻔했던 거고. 우리 민간 잠수사들도 들어가면서 그 호스가 바지선에 걸려서 비상탱크를 메고 또 나와서 이제 사고를 안 당했고. 또….

면담자   지금 얘기하신 게 좀 전문적인데요. 호스가 어떻게 된 것인지 쉽게 풀어서 설명해 주시겠어요?

전광근   호스가 이제 그 조류가, 조류가 바지 밑, 바지선이 있으면 바지선 앞쪽에서 다이빙을, 작업할라고 들어가는데 유속이 가는 상황에서도 잠수 시간이 안 나오니까, 내려가는 시간 동안 그 시간을 좀 벌려고 정조 타임이 아닌데도 미리 다이빙을 한 거예요. 했는데 유속이 아직도 많이 가고 있으니 호스가 이제 바지 쪽에서, 바지선 앞에서 바지 쪽으로 이제 흐르는 물이니까. 다이빙을 하면서, 호스 다이빙을 하는데, 호스가 바지선 밑에 걸리면서, 모서리 쪽에 걸리면서 호스가 눌린 거죠, 하도 조류가 세니까 기역 자로 꺾이면서 킥이 생기는 거예요, 킥이. 눌림 현상이 있어 갖고 순간 에어가 안 나와요. 순간 에어가 안 나오니까 비상탱크, 비상탱크는 공기통을 하나 이제 보조탱크를 메고 가거든요, 그걸 이용해서 올라와서 아무 사고 없이 올라갔고.

또 그 당시에 이제 와이어로, 처음에는 와이어를 집어넣고 체인을 다시 연결해서 체인을 집어넣고, 이게 일이 복잡한 일인데…, 뭐 잠수사들마다 개개인의 능력이 또 틀리잖아요[다르잖아요]. 이거 시키면은 제대로 하는 사람이 있고, 이거 시키는데 또 엉뚱하게 해갖고 일을 만드는 사람들이 또 있고. 그런 일들도 많았었고. 제가 아까 초입에 천안함 얘기하면서 말씀드렸던 거는… 사람들이 많이, "구조요원들이 많이 갔다" 그랬어요. 그 당시에도 뭐 몇백 명이 가고, 근데 실제적으로 물에 들어갈 수 있는 사람이 없었다는 거고. 천안함 당시도 제대로 들어가서 제대로 눈으로 보고 어떻게 된 건지, 그걸 몰랐다는 거.

그, 제가 그 당시 박보람 하사가 있어요. 박보람 하사를, 시신을 최초로 발견했고, 발견했을 당시 그 모습도 아직도 생생해요. 그 연돌, 어떻게 보면 굴뚝이죠? 배에 보면 연돌이라고 하는데, 연돌이 떨어져 나가면서 연돌 안에 가지런히 누워 있던 모습. 거기 유속이 세잖아요, 시야도 안 나오고. 그나마 거기 안에 들어가 있어서 어디 유실 안 되고. 그래서 제, 저희 이제 잠수사들 눈에 보인 거, 보여서 우리가 또 수습까지 해준 거… 그게 기억에 남아요.

면담자   확인만 하고 해군한테 수습을 맡기지 않고요?

전광근   예. 그 당시는 해군이, 해군이 와서 또 수습할라 그러면 시간이 또 걸리니까, 유속도 가고. 또 그 자체가 또 있으면 유실될 수 있으니까 우리가 올려주고, 물 위로 올라와서 이제 해군들한테 넘겨주고. 그 당시도 그래서 어디 가면 누가 박보람 하사가, 그 당시 하사죠. 박보람 하사 그 모습이 아직도 생생한 거예요. 지금 제가 인천에서 근무, 이 잠수 일을 했지만, 인천에도 항상 물이 뿌옇잖아요. 뻘이 그러고 하니까 시야가 안 나오고 유속 세고. 근데 과연아, 이… 세월호 때도 똑같은 상황인 거예요. 매스컴에 봐도 누가 들어갈 수 있는 사람이 아무도 없을 거 같고, "누가 들어갔다"고 했는데 제대로 하는 놈도 없을 거 같고. (혀를 차며) 세월호… 지금 생각하면 참 엄청나게 끔찍한 일이죠.

면담자   그때 천안함 당시에는 희생자 수습을 한 분 하신 거죠?

전광근   예. 그 전에도 이제 민간 잠수사들이, 그 업체죠. 그러니까 업체 다이버들이 한 세 구 정도 인양해서 해군한테 인계해 준 걸로 기억을 하고 있습니다.

5

시신 수습 경험과 트라우마에 대한 생각

면담자   그랬군요. 그러니까 한 구지만 시신을 처음 수습해 보신 거네요?

전광근   아니죠. 그거는 이제 민간, 그 해군 수습했던 거고. 저희가 이제 일을, 수중 일을 하다 보면 사고가 잦아요. 일단 해난 사고가 딱 오면, 일단은 물에 빠지는 거잖아요. 물에 빠져서, 대부분은 익사잖아요. 일하면서 선배님도 같이 이제, 같이 일하던 선배님도 물에 빠져서…. 그러니깐 그 빠진 것도 인천에서 일을 할 때인데요, 동부, 동부건설인데, 이 케이슨이라고 있어요.

면담자   케이슨?

전광근   예. 케이슨 공법이라고 항만을 만들기 위해서 기초를 다져놓고, 기초 위에 구조물을 세우는 거예요. 그러면 그 높이가 얼마냐면 한 20미터 돼요. 위로 높이, 가로세로 10미터, 15미터. 가로 10미터, 세로… (손으로 그리면서) 그러니까 넓이가 10미터, 15미터에 높이가 20미터 되는 아파트 7, 8층 높이 되는 거예요. 그런 구조물을 FD바지라고 있어요, 플로팅독[배를 물 위에 띄우고 수선할 수 있도록 만든 선거(船渠)]. 플로팅독에서 제작을 해요 그거를, 그만한 거를. 아파트 7, 8층 되는 높이의 구조물을 세 개를 만들어서 그거를 이제 플로팅독을 이용해서, 그러니까 그 구조물 설치할 자리 가갖고 플로팅독을 지어서 물에 내려 가라앉히고, 그거를 띄워서 거치를 하는 거예요.

근데 그 당시에 각 케이슨, 케이슨함이, 저희[는] 함이라 그러거든요. 케이슨함 하나당 두 명씩 올라가요. 왜? 올라가는 이유가, 플로팅독을 가라앉히면서 이게 안에는 비어 있어요. 안에다가 이제 물을, 물을 집어넣어야 돼요. 물을 집어넣기 위해서 밑에 밸브가 설치돼 있는데, 그 밸브를 위에서 작동을 해줘야 돼요. 어떻게 보면 수문 같은 거를, 수문을 열어줘야 개방을 해줘야 되는 거예요. 밸브가 이제 격실이 네 개가 있는데 각 격실마다 밸브가 하나씩 있어요. 그러면 케이슨 한 함당 밸브가 네 개잖아요. 네 개니까 두 명이 올라, 한 함당 두 명이 올라가서 밸브 두 개씩을 맡은 거예요. 그러면 플로팅독이 내려가면서 여기도 물을 채워줘야 하니까 밸브를 열어줘야 되는 사람들이 있어요.

근데 갑자기 그 밸브를, 케이슨 이제 플로팅독을 내리는 도중에 그 플로팅독 자체가 구멍이 나갖고 파손이 돼서 갑자기 물이 들어와갖고 이게 침몰되기 시작한 거예요. 침몰되면 어떻게 되겠어요? 그 케이슨 자체가 갑자기 떠서, 같이 가라앉는 게 아니라 같이 이제 물이 덜 들어간 상태에서 플로팅독이 가라앉으면서 그 위에 있던 케이슨 자체가 넘어지기 시작한 거예요. 그래서 넘어지면서 거기에 있던 사람들이 다 물에 빠진 거예요. 물에 빠지면서 이제 그 안에 공간들이 있잖아요. 아까 격실 네 개가 있다고 그랬잖아요. 격실 안에 이제 물이 들어가면서 그 격실 안에 물이 들어가면서 사람들을 끌어당기면, 안으로 이제 잡아당기잖아요. 그 당시에 여섯 명, 여섯 명이 올라가 있었는데 여섯 명 중에서 다섯 명은 그나마 살았어요. 근데 한 분이 못 올라온 거예요.

제가 그 당시는 평택에서 일을 하고 있었는데 "사고가 났다. 올라가서 저 수색 작업 좀 해야 된다" 해갖고 갔어요. 그때도 깜깜한 밤에, 새벽 시간에 도착하고 그랬으니까. 하면서 아예 제가 모르는 사람도 아니고, 같이 늘 옆에서 일했던 사람이고, 같이 밥도 먹고 같이 술도 먹고, 같이 있던 선배님을 그렇게 이제 어떻게 보면 보낸 거예요. 보냈는데… 그 선배님도 얼마나 살고 싶었으면, (담뱃갑으로 당시 상황을 묘사하며) 이 케이슨 자체가 이런 상태인데, 플로팅독이 같이 가라앉으면서 이렇게 넘어진 거예요. 넘어지면서 이렇게, 만약에 이렇게 넘어졌다고 하면, 이렇게 되면 빠져나올 수 있을 거예요. 근데 플로팅독의 높이가 5미터예요, 바다 높이가. 그러니까 이 케이슨이 넘어지면서 이렇게 이렇게 넘어진 거예요. 그러니까 사람이 여기 안에 들어가 있던 거지. 나올라 그래도 당연히 못 나오는 거예요.

면담자   물이 있으니까.

전광근   이게 거꾸로 고여 있으니까. 똑바로 이렇게 엎어지면 개방된 여기가 입구인데, 여기 이렇게 돼 있으면 잠수사 출신이니까 수영해서 올라왔을 건데, 이렇게 거꾸로 돼 있으니까 아무리 올라가면 뭐 할 거야, 여기 아무것도 없으니까. 다시 이 사람이 거꾸로 내려가서 올라올 시간적이나 그런 공기가 부족했던 거죠. 왜냐하면 이 상태에서는 요 안에는 에어포켓이 있거든요. 여기 올라갔다가, 올라가서 계속 있다가, 나중에 이제 저희가 수습을 했는데. 수습할 당시 모습이 자기가 입고 있던 옷 다 벗고 기마 자세로 굳어버렸더라고,

저체온증으로. 그러니까 그 상태로 굳어 있는 상태로 바지선까지 올리려면, 바지선 높이도 뭐 한 3미터 넘는데…. 올라오면서 그분을 바지선 위로 올리는데, 그 얼마나 살고 싶었으면 그런 모습으로 돌아가셨을까…….

그 전에도 많죠, 셀 수 없이 많죠. 일을 하다 보면 이 물에 빠져서 사고, 죽는 사고들이 많아요, 배가 침몰된다든가 바지선이 침몰된다든가. 그리고 나서 제일 먼저 119를 부르겠죠. 119는 '못 들어간다'고 하겠죠, 119에서는 '위험하다' [말할 테고], 그러면 결과적으로는 같이 일했던 동료들이 들어가서 인양을 해줘야 되는 거고. 또 마찬가지예요, 119도 다른 일이 있는데, 여기서 자기가 찾아보고 없는데 계속 여기서 시간을 빼먹을 수는 없잖아요, 다른 사건들이 있으니까. 몇 번 들어갔다가 없으면 그렇게 하고 가면은 나중에 결국은 민간 잠수사들이 또 가서 수습을 해줘야 되는 거예요.

면담자   그럼 이미 그 전에 꽤 많은 수습 경험이 있으셨던 거군요?

전광근   예, 그렇죠. 공사 현장은 바지선 밑에 선두들, 거기 바지선 선두 오르시는 분들은 연세가 많으시거든요. 배에서 내려갖고 뭐 술 드시고 오다가 넘어지시는 분들, 또 일하다가 뭐 라이프 자켓 [재킷] 입었는데 떠내려가서 익사하시는 분들. 뭐 여러 번, 일하면서 여러 번 수습을 했죠.

면담자   그런 상황들을 꽤 많이 겪으셨다면, 그러니까 사체를 접한다는 게 굉장히 스트레스가 센 일이지 않습니까?

전광근   그렇죠.

면담자   그런 것들은 어떻게 극복을 하시거나 대처하셨는지가 좀 궁금하거든요.

전광근   그러니까는 아, 제가 그 기본적으로 선배님, 선배님을… 잘 알고 지내던 선배님을 그렇게 잃고 나서 병원에 안치를 시키고, 제가 형수님을 모시러 갔어요. 인천에서 그 형수님을, 선배님 집이 평택이에요. 평택 포승면, 안중면 쪽에 사시는 분인데, 제가 그 형님을, 선배님을 수습을 해서 병원에 안치를 시켜놓고 제가 형수님이랑 가족들을 모시러 제가 내려왔어요.

면담자   이제 장례를 치러야 되니까?

전광근   예, 연락할 사람이 없으니까. 연락이 돼서 제가 모시러 간 거예요. 모시러 가면은 처음에 어떻게 얘기를 할 거예요? '어떻게 일하다가 사고 났습니다' 얘기할 수도 없는 거고. "한번 가보셔야겠습니다" 조용히 얘기해요. "가보셔야겠습니다", "가보셔야겠습니다" 얘기하고 나중에는 그분, 형수님도 올라가면서 차 안에서 이런저런 얘기할 거예요. 생각을 할 거 아니에요. "어떻게 하다 그랬어요?" 그게 갑자기 그냥 메아리가 도는 거예요. '어떻게 됐어요? 어떻게 하다 그랬어요?' 아들, 그 자식들은 울고 말도 없고. 그냥 평택에서 인천까지, 병원까지 1시간 걸린다면, 1시간 내내 멍한 상태로 운전하게 되는 거예요.
  또 한 번은 인천에서 인천대교를 만들면서 강관파일이, 강관파일을 그러니까 원통기둥형 파일을 절단하면서 사고가 난 거예요. 그 안에 이제, 그 사람은 모르는 사람이에요, 일반 다른 업종에 일하시는 분인데. 거기, 그 빠진 곳은 정확히, 거기 있던 현장[에서] 같이 일했던 사람들이나 같이 그 공사 관계자들도 "이 사람 여기 있다. 근데 잠수사들이 들어가서 못 찾는다. 무조건 여기 있을 건데, 어디 안 떠내려가고 무조건 여기 안에 갇혀 있을 건데. 몇몇 잠수사들이 들어갔는데 봐도 못 찾아온다". 우리가 "한번 와서 내려가 봐서 찾아봐 달라". 근데 가자마자 있는 거예요. 제 눈에 보이는 거예요. 어떻게 보였냐 하면, 몸체는 안 보이고 다리만 보여요. 이제 몸체는 다른 쪽에 막, 그러니까 같이 뭐 어디 이게 팔다리가 끊어진 게 아니고, 몸은 저 구석에 숨겨져 있고 발만 이렇게, 장화 신은 발만 이렇게 나와 있는.

면담자   보이는 거군요?

전광근   근데 그거를 처음에는 뺄라 그래도 안 빠져요. 내가 이 사람을 찾았다고 해서 강제로 뽑아 올 수는 없는 거예요. 이게 어떻게 된 건지, 어떻게 해서 이 사람이 여기 들어가게 됐든, 그러면 온전하게 수습을 할 수 있는 방법을 강구를 일단 하고…. 아, 이게 뭐에 눌렸다던가, 뭐 라이프 자켓을 입었는데 라이프 자켓이 어디 걸렸다던가 그런 상황이었으니까. 근데 그 위에 들어가기 전에 벌써 가족들은 울고불고 난리예요, 공사 관계자들한테 멱살 잡고, "찾아달라"고. 근데 그런 모습들 보면은……. (면담자 : 예, 계속하시죠) 그런 소리를 들으면, 야, 이거 참. 내가 찾아서 안겨줬지만, 내가 그 사람들한테 뭐 고맙다는 소리 들으려고 한 건 아니에요. 어쩔 수 없이,

누가 됐든 가서 건질 수는 있겠지만 그나마 또 내가, 내 손을 거쳐서 올라왔으니까. 내가 그렇다고 그 사람들한테 내가 올렸으니까 뭐 돈을 달라 요구하는 것도 아니고, 내가 누구한테 가서 자랑스럽게 얘기할 것도 아니고. 그 사람이, 그 유가족들이 내가 건졌는지도 모를 거예요.

마찬가지, 세월호도 마찬가지예요. 내가 유가족분들한테 내가 누구, 우리가 학생들 구조하면서 몇 월 며칠 몇 시에 내가 건졌으니까 나중에 물어보고, 그런 마음이 절대 안 생기죠. 내가, 내가 뭐, 제가 지금도 트라우마가 있다, 없다는 말을 못 해요. 단, 돌아가신 분들의, 돌아가신 분들의 가족, 처자식 뭐, 부인들이나 자식들이나 그분들의 마음을 이해를 안 할 수가 없잖아요. 내가 어떻게 됐든 뭐 그분들, 죽은 주검을 내가 수습해 줬지만, 내가 '그게 무섭다'고, 내가 '그게 꿈에 보인다'고 내가 누구한테 하소연할 거야? 내가 그분한테 찾아가서 '보인다'고 얘기할 거예요? 내가 이거를 그냥 내 머릿속에서 이런 일이 누구한테 얘기할 때마다 "그 모습 생생하다. 아직도 기억이 난다" 그렇게 얘기했을 뿐이지, 내가 지금 누구한테 지인들이나 가족들한테 '꿈에 자꾸 보여요' 그렇게 얘기를 못 하죠.

면담자   그럼 그런 것들은 보통 어떻게 대처해서 극복하려고 하셨는지요?

전광근   그러니까, 음… 세월호는 나중에 얘기하고요, 세월호 관련돼서는. 그런 일들이 있으면 그냥, 제가 술을 못 먹어요. 술 거의 안 먹어요, (면담자 : 예) 일하면서. 그랬는데 어떻게 보면, 아 그래도 내 손으로 인양을 해줬으니까 내가 고맙다는 소리는 못 들어도, 내 스스로가 그것도 '잘한 일인 거는 잘한 일이구나', '잘한 거지. 내가 남들이, 남들이 들어가서 못 찾아줬는데 내가 찾아줬으니까'. 내 스스로 내 자신이 그래도 어떻게 보면은 자랑스러운 거예요. 그게 위안이 되는 거야. '야, 내가 건질 수 있지 뭐. 내가 건져주고 말지' 누가 들어가서 보고 '그런 거 보기 싫다'고 안 건질 수도 있어요, 있어도 안 건지는 사람도 있고.

얼마 전에, 이제 제 동기가 한강에서 일을 해요. 한강에서 일을 하는데, 뭐 "일주일에 한 명씩 자살하는 사람들이 일하는 데 보인다"고 하더라고요. "보인다"고 나한테는 얘기하는 거야. 자꾸 보인대요 그게. 자꾸 보이겠죠. 뭐 "일하다가 시신, 다른 작업하다가 뭐 물컹, 뭐가 물컹만 거려도 그런 것 때문에 놀라고 후다닥 올라오고 그런다"는 거예요. 그래서 내가 한마디 했죠. "야, 그런 것 갖다 무서워하면 어떡하냐? 그거 니가 니 손으로 건져주면 되잖아. 니 손으로 건져주면 되지 뭐 그게 겁나니? 어차피 그분들, 그 사람들은 니가 건져주기를 바라고 너한테, 손에 잡히는 건데".

6
4·16 참사를 처음 접했을 때의 상황

면담자　　　알겠습니다. 이제 세월호 얘기를 좀 시작해 보겠습니다. 맨 처음 사건 소식을 들으셨을 때가 언제였는지요? 그리고 기억 나시는 대로 그날의 상황, 그때 당시에 가졌던 생각, 느낌에 대해서 말씀해 주시면 되겠습니다.

전광근   그때 4월, 2014년도 4월 16일이죠? 그 당시 이제, 제가 4월, 그러니까 2013년도에 15년 동안 몸담던 유성수중이라는 회사를 퇴사를 하게 됐어요.

면담자   13년도에.

전광근   예, 13년도 3월 달에, 3월 달에 퇴사를 하게 됐고. 그리고 다른 일을, 같은 일을 또 다른 데 가서 하다가… 제가 한번, 사업체를 한번 차려보자 해서 에이스수중이라는 회사를 그해에, 13년도 9월 달에 에이스수중 업체를 설립하게 된 거죠. 그래서 이제 울산에, 울산에 한 3년 정도 되는 공사가 있어요. 그게 한 기간으로 3년, 금액으로는 한 40억 정도 되는 공사인데 우연찮게 이제 맡게 됐죠. 수주를 하게 돼서 울산 온산공단에 대우조선해양 그 밑에, 그 하청을 맡게 된 거죠. 하청받는데, 또 하청 관계가 복잡해요, 우리나라가 이 건설이, 다른 것도 마찬가지지만. 대우조선해양에서 그 지역에 있는 건설업체에 줘서, 그 건설업체에는 잠수사가 없으니까 잠수 일 쪽만 또 저한테 넘겨주는 거예요. 그러니까 하도에 재하도를 받는 거예요.

그래서 재하도를 받게 됐어요. 받게 돼서, 대우조선해양, 그 밑에 원남건설, 원남건설 밑에 제가 이제 에이스수중으로 가게 됐고. (면담자 : 원남?) 예, 원남건설. 그 와중에 이제 장비, 해상 장비로는 바지선, 예인선, 크레인선, 또 잠수사 그리고 잠수 보조하는 사람들, 총인원은 한 16명. 그리고 뭐 장비 대수로는 바지선 두 대, 포클레인

한 대, 크레인 두 대, 잠수사 여섯 명, 보조 세 명 해갖고 이렇게 인원을 꾸려서 작업을 진행하고 있었죠.

사업 규모에 따라 그 구성은 커지기도 하고 작아지기도 하고 그렇습니까?

그렇죠. 이제 그 일 규모에 따라서 잠수사들을 다시 고용했다가, 또 일이 잠수 일이 없으면 다시 잠수사들은 그만두고 다른 일하다가 또 잠수사가 필요하면 다시 이제 그렇게 잠수사들은 일용직으로 또 갖다 쓰는 거니까. 어떻게 보면 일당 벌이도 됐다가 월급제로 갔다가, 어떻게 보면 프리랜서 같아요. 프리랜서란 말이 일 있을 때 부르고, 일 없을 때는 집에 가라 (웃으며) 그런 얘기인데. 그 본인들은, 이제 어떻게 보면 우리들은 보따리라고 그래요, 보따리. "보따리 싸라" 그러면 보따리 싸는 걸로 알고 있어요. 그렇게 일을 하고 있었죠. 그 당시도 한창 잠수 일을 많이 하고 있을 때예요. 하다가 장비도, 그 잠수 장비도 갖고 있고 또 잠수 인원도 여섯 명인가 있었고.

그래서 4월 16일 아침에 우연찮게 이제 사무실에 컨테이너, 그 컨테이너 같은 사무실에서 휴식을 취하다가 이제 뉴스를 핸드폰으로 보니까 여객선이 빠졌다는 거예요. "진짜? 어디서?" 그랬더만 뭐 인천에서 제주 가는 여객선이라는 거예요. "그래? 몇 명이나 탔대?" 그랬더니 뭐 인원도 많더라고요, "400몇 명이 탔다"고. "그래?" 그러고 나서 "배가 그렇게 가라앉겠니?" 우리는 기본적인 상식이 있어요. 배가 그리 쉽게 가라앉지 않거든요. 배가 침몰한다고 해도 "야,

배가 침몰하지 않고 떠 있겠지".

우리도 이제 군대생활, 군함에서 생활하면서 소화방수훈련이라고 있어요. 소화방수훈련이 어떤 거냐면, 뭐 폭탄이 배를 뚫고 들어왔을 때 그 방수 작업하는 거를 사람이 들어가서, 자재가 다 있어요, 배에서도요. 군함도 방수 작업을 하는 인원이 따로 있어요, 불이 났을 때 불 끄는 인원이 따로 있고. 그럼 배라고 그러면, 제가 이제 군함을 타봤기 때문에, 배라고 그러면 당연히 그 빵꾸[펑크]도 날 수 있고 파손, 뭐가 부딪혀서 그럴 수도 있고 자연적으로 배가 손상 입을 수도 있고 물이 들어올 수 있다. 그럼 '방수 작업 하면 되지'. 기본적인 상식으로 갖고 있는 거예요. "배가 침몰해?" 침몰하긴 하는데 뉴스 보니까 뭐 조금 기울고 있더라고요, 기울어갖고.

"몇 명이나 탔겠어" 그러니, 많이 탔더라고요. 그래 갖고 금방 다 뭐 건질 줄 알았어요. 복원은 아니고 배야 어찌 됐든 사람은 다 건질, 살아날 줄 알았죠. 뭐 보니까 조금 있다 보니까 "전원 구조"가 나온 거예요. "거봐, 다 구했잖아. 저거 못 구하면 되겠냐?" 그러면서 막. 그 당시에는 "SSU도 출동한다" 그러고, "해경특구대도 간다" 그러고, 뭐 소방대, 구조대 가고. SSU도 우리 자부대, 우리가 전역한 부대니까 "또 SSU도, 후배들도 고생하겠구만" 그렇게 우스갯소리로 넘긴 거예요. 그리고 나서 "전원 구조" 하니까 "거봐" 우리 일하는 애들한테 "일이나 해" 그러고 제가 말했어요.

그 당시 이제 일하고 있는데 또 갑자기 그게 "오보가 났다"는 거예요. '어? 오보면 뭐야, 사람 다 어디 있어?' 그 생각이 딱 드는 거예요, 배 안에 갇혀 있다는 거를. '어? 이것 봐라' 그러면서 다시 매스컴을 계속 유심히 본 거예요, 몇 명이나 구조됐는지도 궁금한 거고. 'SSU 대원들이 갔으면 뭐 건지겠구나', 그것도 보니까 뭐 "잠수사들도 많이 갔다"고 하고 '뭐 못 구하겠어?' 했는데 그러고 나서 저녁, 저녁때까지 계속 매스컴을 보다가 저녁, 밤에 이제 퇴근을 하고 숙소에 가서 뉴스 프로그램을 봤는데, "단원고 학생들이 300몇 명이 안에 갇혀 있다"고 하고, 배가 점점 가라앉는다고 하고. 나중에 보니까 "배가 거의 안 보일 정도로 막 가라앉았다"고 하고, "사람은 못 구한다"고 하고, 계속해서. 야, 이제 큰일 난 거예요. 우리가 이제, 내가 마음이 조마조마한 거야. 그래서 핸드폰에서 찾아보면서, 뭐 범정부 대책본부 막 쳐보고 거기 전화번호도 따갖고 막 전화를, 전화라도 돼야지, '갈 수 있냐?'고 내 물어볼라고.

면담자   전화를 그날 해보셨습니까?

전광근   예, 많이 했죠. 청와대도 막 전화하면 청와대 전화 안 받고. 그리고 그 핸드폰에 카[카오]톡에 보면 선거 때마다 국회의원들 막 오잖아요, 자기 뽑아달라고 피알[PR]하고 하는. 그때 뭐 김성찬 국회의원이 있어요. 그 사람이 해군 출신이거든요, 해군 출신. 전화번호는 없고 카톡만 오니깐 지금도 핸드폰에 김성찬 떠 있어요. 거기다가 [네이버]밴드에다가 이제 쓴 거예요. "지금 해난구조대 전역해서 지금 산업잠수 하는 사람들 긴급하게 소집 명령 내려야 될 거 같다" 카톡도, 카톡 내용도 있어. 카톡 내용도 보냈어요. 보냈는데 답장도 없어요. 선거 때 아니니까 답장도 없더라고요.

그러고 나서 그다음부터, 그때부터 발등에, 내가 발등에 [불이] 떨어진 거야. 선배들한테 "가야 되는 거 아니냐?" 동기들한테 전화하고 "야, 가야 되는 거 아니냐?" 근데 전부 다들 "거기 왜 가냐?" 그러는 거야. "거기 왜 가냐? 응? 거기 뭐 어차피 돈도 못 받고 누가 가겠냐?" 그날 계속 뉴스를 보다가….

면담자   그러니까 같은 심해잠수사나 산업잠수사분들도 '가야 되겠다'고 당장 생각하시지는 않았는데 바로 연락을 취하고 했던 게 왜 그러셨던 건가요?

전광근   그러니까 지금, 아니 지금이 어떻게 보면 골든타임이에요. 골든타임이 막, 뉴스에도 막 하고선, 에어포켓이 뭐고 막 한단말이에요. 이게 골든타임 자체가 시간이 없는 거예요. 뭐 매스컴에서는 "72시간, 몇 시간까지 살 수 있다"고 말로만 떠드는 사람이 전문가 아닌 전문가들이 떠들고. 당장 급한 게 들어가서 애들이 상태가 살아 있는지 안 살아 있는지를 확인을 해야 무슨 에어를 주입을 하든, 어디에 위치가, 어디에 학생들이 있는지 알아야 될 거 아니에요. 그걸 모르고 물에만 들어간다고 애들이 건져지는 건 아니니까.

그래서 밤에 전화를 다 하고 나서 막상 '간다'는 사람이 없더라고요. 그래서 일단은 자고, 아침에 출근하자마자 다시 뉴스를 보니까 아직도 한 명도 못 구한 거예요. 그 상황에서 그거 어떻게 하겠어요? 일단 1차로 내가 현장에 가서 우리 직원들한테 "야, 장비 이거 몇 명 챙기고" 같이 일하는 동기가 또 한 명 있었어요, 이동석이라는 동기인데. "야, 너 거기 갈 준비해". 근데 이제 지금 같이 일하러 [와 있는], 같은 팀으로 일하는 잠수사도 있는데, 이 형도 같이 갔으면 하고 애기하더라고. "형, 일단 내가 나 혼자 스스로 결정할 건 아니고. 내가 일단 소장들한테 한번 물어나 보고 내가 할게요". 소장, 원남건설 소장님한테 내가 그랬어요. "소장님, 제가 한번 갔다 오겠습니다, 며칠이라도. 애들 좀 구해야 되겠습니다" 했더니, "아유, 전 팀장 가면 일이 잘되나?", "아, 지시 다 해놓고 가겠습니다". 그리고 나서 딱 이제 대우조선해양 소장님한테 또 가서 "소장님 제가 한번 며칠만 갔다 오겠습니다", "거기 위험하지 않겠어요?" "예, 제가 한번 갔다 오겠습니다". 근데 가면서도 머릿속에 딱 생각나는 게 있는 거예요. '아, 천안함. 천안함 때도 그랬지' 119구조대? 해경? 들어가지도 못하는 사람들이에요.

면담자　　　오늘은 여기까지 하고. 그 뒤에 얘기를 내일부터 계속 이어가도록 하겠습니다.

전광근　　　알겠습니다.

면담자　　　이상으로 1차 구술증언을 마치도록 하겠습니다. 수고해 주셔서 감사드립니다.

전광근　　　수고했는지 모르겠는데(웃음).

2회차

2017년 1월 23일

1
시작 인사말

면담자　　　본 구술증언은 4·16 사건에 대한 참여자들의 경험과 기억을 기록으로 남김으로써 이후 진상 규명 및 역사 기술에 기여하고자 합니다. 지금부터 잠수사 전광근 씨의 증언을 시작하겠습니다. 오늘은 2017년 1월 23일이며, 장소는 제주도 서귀포시 솔대왓펜션입니다. 면담자는 이봉규이며, 촬영자는 김솔입니다.

2
4월 17일 첫 잠수 작업 당시의 상황

면담자　　　지난 1차 면담에서 이제 4월 16일 업무 마치시고 계속 뉴스를 보시다가, 4월 17일 '이제 안 되겠다' 생각하시고 주위에 연락을 대우 쪽에도 하시고, 원남건설이었나요? (전광근 : 예) 그 얘기까지 해주셨습니다. 계속해서 진행해 주시면 될 것 같습니다.

전광근　　　그러니까 17일 날 오전, 그 시간이 한 9시경이었을 거예요. 9시경쯤에 소장님한테 일단 작업할 수 있게 준비 다 해놓고, 어차피 기존에 있는 잠수사들하고 같이 있으니까 일을, 일하는 데는 차질 없이 준비시켜 놓고, 제가 일단 승용차에다가 제 개인 장비를 이제 실었죠. 개인 장비라 함은 이제 그 저희 표면공급식 장비를 사용하는데 거기에 필요한 호스, 공기호스하고 그 이제 슈트, 드라이

슈트하고 벨트, 뭐 오리발 등 개인 장비하고, 그리고 또 송수신이 될 수 있는 폰, 그 이제 마스크, 풀페이스 마스크 있어요, 풀페이스 마스크하고 송수신 장치하고 그렇게 싣고 갔어요, 승용차로. 원래는 콤프레서도 같이 갖고 가야 되는데, 콤프레서는 승용차로 가기 때문에, 움직이기 때문에 저 승용차에 실을 수 없어서 일단 차에 실을 수 있는 거만 최대한 싣고 내려갔죠. 근데 내려가면서도, 인제 출발했는데, 출발하면서도 이제 같이 일했던 그 동문들, 선배들이나 후배들한테 전화를 했죠. "애들 좀 구해주러 가자"고 이제 그런 식으로 얘기를, 내려가면서 한 네 군데, 다섯 군데 정도, 네 명에서 다섯 명 정도 전화 통화를 했어요.

면담자   그때 공 잠수사님.

전광근   아니, 아니요. 공 이사님 말고 같은 업을 하고 있는 잠수사들. 근데 그분들도 다 개인적인 일을 하고 있으니까 또 선뜻 '그래, 같이 내려가자'는 사람들이 없더라구요. 그래서 일단은 상황이 뭐 '애들이 살아 있을 가능성도 있다' 싶어 갖고 저는 움직이게 된 거고. 대부분 사람들이 '아마 죽었을 거다. 거기서 어떻게 살아날 수 있는 상황이 아닌 거 같다' 그런 판단이었던 거고. 일단 만약에 시신을 또 보게 되면, 어떻게 보면 일반적으로 사람들이 그렇잖아요? 어려운 작업이라는 걸 미리 감지하고 '선뜻 내려간다'는 사람이 없더라구요. 그래서 다섯 군데 전화해 보다가 혹시나 해서 이제 그 평택 쪽에 오대양산업이라는 회사가 있어요. 거기 이제 동문 선배님이 하고 있는 회사인데 거기에 혹시 전화를 해봤어요, 혹시 '그쪽에서 내려가는 동문들이 있겠다' 싶어 갖고. 어, 마침 그 회사에서 동문들 세 명 정도 "내려간다"고 하더라고요. 그래서 "그럼 혹시 콤프레서 갖고 가냐?" 그러니까 "콤프레서도 준비해 갖고 내려간다", "그럼 잘됐다. 내가 지금 내려가고 있으니 같이 만나서 현장 한번 들어가 보자". 그렇게 연락을 취한 후에 이제 내려가게 된 거예요, 진도로. 진도로 갈 때는 저하고 제 동기, 그 군대생활 같이 했던 이동석이라는 동기하고 같이 이제 진도로 가게 된 거죠.

가서, 내려가면서도 그날 또 날이 구지더라고요, 비도 오고. 천천히 가야 되는데 마음은 급하고, 또 이제 초행길이고, 그러다 보니까 이제 또 장거리잖아요. 울산에서 진도까지 5시간인가? 거의 5시간 이상 걸린 거 같애. 빗길인데도 마음이 급하고, 빨리 가서, 빨리 가고 싶어 하는 생각들이 좀 우선적이라. 그리고 또 가면서 교통사고 날 뻔했고…. 그래서 뭐 무사히 진도에 도착하게 됐어요. 진도에 도착하니까 막 아수라장이죠. 사람들, 유가족들, 뭐 일반 자원봉사자들, 또 경찰들 엄청 많은 사람들이 있었죠. 근데 그 초입에서 그 통제를 하더라고요, 경찰관들이. 이제 승용차는 이제 진입이, 진입을 할 수 없다는 식으로 얘기를 했고.

면담자   바로 팽목으로 가신 겁니까?

전광근   예, 팽목으로 갔죠. 팽목으로 가는 입구에서 경찰관들이 승용차 진입 못 한다고 하더라고요. 그래서 "아, 우리 지금 장비가 실려 있어서, 민간 잠수사로 왔는데" 그러니까 "아, 그러시냐?"고, "그럼 안쪽으로 들어가시라"고 그래 갖고 이제 팽목항에 갔죠. 갔는데, 그때 오대양에서 내려오는, 같이 만나기로 했던 팀들이 아직 안 왔더라고요. 그래서 거기서 2시, 2시 반에서 3시 정도에 도착한 걸로 제가 기억을 하는데, 그 친구, 오대양 팀들을 거기서 좀 기다렸어요, 1시간 정도. 1시간 정도 기다리면서 뭐 소방헬기도 뜨고 경찰관도 많고 사람들도 왔다 갔다 많이 하고…. 근데 막상 우리가, 내가 들어가고 싶어도 누구한테 얘기를 할 수 있는 부분이 없더라고요.

내가 민간 잠수사다 그래도, 그 전에 해경하고도 유대 관계가 있는 것도 아니고 해경에 누가 아는 사람 있는 것도 아니고, 또 누가 통제를 하는 건지 누구한테 얘기를 해야 되는 건지를 몰라서는, 그냥 모르고 있다가 오대양 식구들을 만나게 됐어요. 그 시간이 한 4시 정도 됐을 거예요. 4시 정도에 만나서, 만났을 당시에는 선배님하고 오대양수중의 잠수사들이 세 명 내려왔더라고요. 그래서 10년 정도 차이 나는 선배님하고 후배, 후배 한 명하고 또 같은 평택 지역에서 같이 일을 하는 잠수사하고, 그렇게 내려왔더라고요. 그리고 오대양 식구, 직원들이 부모님들하고 보조 역할 해준다고.

그래 이제, 거기 들어가기 전에 콤프레셔 자체가 무거워요. 사람이 들기도 무거워요. 원래 기존에는 우리는 콤프레셔를 사용하게 되면 바지선을, 바지선에다 싣는다 그러면 장비가 크레인이나 포클레인이나 와서 들어갖고 실어줘야 되는데, 사람이 들어서 실을 수 있는 무게는 아니에요. 근데 팽목항 자체가 뭐 장비를 실을 수 있는 만한 공간이 없더라고요, 그거를 실을 수 있는 저기를. 그래서 뭐 "어떻게 하면 좋겠냐?" 그 당시에는 우리가 준비해 간 바지선이 있는 것도 아니고, 배도 있는 것도 아니고.

근데 그 상황에서 이제 오대양 그 수중개발 사장, 사장이라는 사람이 해경하고 좀 연락을 해서 "현장에 갈 수 있는 배가, 배편이 준비돼 있다" 그런 연락을 받게 됐어요. 그게 P19정이라는 해경정이에요, 아주 소형 경비정이죠. 경비정 딱 보니까 이 배가 이제 이거밖에 없으니까, 우리는, 잠수사들은 한 번에 타고 나가야 되는데…. 근데 그렇게 알고 경비정에다가 짐을 실을라고 하는데, 마침 그 경비정이 사고, 세월호 침몰 현장 사고에서 들어왔던 배예요. 거기에 이제 누가 타 있었냐면, 삼호중공업에 잠수사라는 분이 타고 나갔다 온 거더라고요. 그래서 우리보고 "잠수하러 들어갈 거냐?"고 저희한테 물어보더라고요. "아 예, 한번 들어가 보려고 한다"고 [했더니] 그 삼호중공업 잠수사가 하는 말이 "유속이 너무 세고 와류도 있고", 자기네들도 "들어가려고 하다가 못 들어갔다" 그런 식으로 얘기를 하는 거예요. "어휴, 그래도 우리도 혹시나 모르니까 한번 들어가 보겠다" 하고 그냥 무시를 하고 일단 우리는 장비를 이제 실었죠.

면담자　　　그럼 오대양의 세 분, 같이 가신 두 분 해서 다섯 분이 이제 P19정에 배를?

전광근　　　다섯 명하고, 그 이제 오대양에 그 직원들이 있어요.

면담자　　　직원들까지도?

전광근　　　직원들 두 명, 세 명? 내가….

면담자　　　다 타고 갔던?

전광근　　　갔던 팀이 한 여덟 명 정도 타고 간 거죠. 근데 거기에는 또 "우리 민간 잠수사들이 탔다"고 하니까 유가족분들 몇 명 타시고 또 뭐 해경, 해경 그 배의 승선 인원들도 타고. 그 조그만 배에 하여튼 사람들이 많았어요. 근데 뭐 누가 누군지도 모르는데, 누구는 "잠수사"라 그러고. 모르는, 안면식도 없는 사람이 "잠수사"라고 하고 앉아 있기도 하고 그랬는데…. 가면서도 '제발 한 번이라도 들어가 봤으면은…' [했지요]. 그 가는 시간이 2시간 넘게 걸린 거 같아요. 6시 정도에 출항을 했는데 현장 가니까 8시 좀 넘은 거 같아요. 하여튼, 음, 우리가 배 타기 전에 핸드폰으로 해서 상황을 계속 보고 있었는데 뱃머리, 배가 완전히 거의 다 물에 잠기고 함수 밑부분만 조금 나와 있는 걸로 파악을 하고 갔었어요.

갔는데, 그때 들어갔을 때는 배의 선수 쪽에 흰색 부분 약간 보였었거든요, 하얀색 부분. 그러니까 흘수선[선박과 수면이 만나는 선]인데, 흘수선보다 더 위에 선까지 배가 원래 보였었거든요, 그 전에. 근데 그 세월호 침몰했는 데에 도착하니까 더 가라앉은 거예요. 구멍이, 파란색 부분 나오고 그 동그란 원형 그거 나오고 그래서 '점점 더 가라앉고, 더 배가 가라앉았구나' 그런 판단을 내리게 됐죠. 그래 되고 이제 배 주변을 보니까 도착했는데 어둡잖아요, 저녁 8시 정도 되니까. 해경들도 배가 어디 있는지, 한참 거기서 선회, 몇 번 돌았어요, 배가 안 보이니까. 그만큼 많이 또 가라앉아 있는 상황이 됐던 거고.

(한숨 쉬며) 그리고 거기, 그 작업, 작업, 배에 조금 선수 윗부분만 조금 나와 있는 부분에다가 오일펜스도 쳐져 있고. 저희는 이제 일반 스쿠버, 잠수 장비가 스쿠버 장비는 아니고 콤프레셔에서 공기를

만들어서 호스에다 내보내 주는, 호스를 우리가 가지고, 호스에다가 이제 그 풀페이스 마스크 연결해서 쓰는 장비인데, 배가 떠다니면 안 되거든요, 어느 한곳에 고정을 해야 되니까. 그래서 이제 작업 차원에서 우리가 정장, 그 P19정 이제 직원들한테 얘기를 했죠, 설명을 했죠. "우리가 들어가게 되면 저 오일펜스 좀 없애야 되겠다. 오일펜스도 없고 침몰선에 줄 하나 잡아놔야, 고정을 해놔야 우리가 거기서 그 위치에서 다이빙할 수 있다"[고] 그 작업 내용을 잘 설명을 해줬어요. 해주니까 "아, 원하는 대로 해주겠다"고 해주더라고.

그래서 "누가 끌고, 누가 들어가 봤냐?" 이제 물어보니까 그 당시도 자기네들도 "누가 들어가 봤는지도 모르겠다"고 얘기를 하더라고요. 한 번도 뭐 누가 제대로 들어가 본 사람이 없는 거 같기도 하고…. 근데 일단 처음 다이빙할 때는 이성운 그 오대양 직원하고 저하고 슈트를 입고 있었는데, 그 친구가 먼저 들어갔어요. 들어갔는데 이제 가이드라인 줄이 몇 개가 엉켜 있었나 보더라고요. 기존에 해경이나 해군이나 누가 들어가면서 이게 선체에 함수 부분하고, 함수 부분하고 격실에 만나는 부분에 난간대가 있어요. 거기까지 내려가서 거기다 줄 다 매놨더라고요. 그게 한 세 개 정도가 있었는데 그게 다 엉켜갖고 어떤 걸 타고 들어가도 내내 그 자리예요, 그 세 개가 엉켜서.

그래서 우리는 이렇게 들어가면 헷갈리니까 우리가 이걸 절단해 보고, 해버리고 우리가 더 어느 정도 굵은, 좀 굵기가 굵은 걸로 다시 가이드라인을 냈죠. 가이드라인 내고 거기다 이제 그 밑에 난간대 끝에까지만 어차피 내려갈 수 있어요. 그 밑으로는 더 내려갈 수도 없는 상황이었어요. 그 상황에서는 뭘 잡고 내려가야 될지, 뭘 잡고 내려가야 되는데 완전히 그냥 벽, 벽처럼 돼 있는 거죠. 이렇게 배가 침몰하면서 옆면 이제 타고 내려가야 되니까, 손으로 잡을 수 있는 게 없으니까. 어쨌든 그 난간, 선수 쪽 난간 끝나는 데다가 그 친구들이 그 줄을 매놨더라고요. 매놓고 왔는데, 그다음에 파도가 또 친 거예요. 날씨가 그렇게 좋은 날씨는 아니더라고.

그러고 나서 그 당시 시간이 11시가 조금 됐을 거예요, 그 당시가, 우리 처음에 이제 들어갔을 때가. 그때가 이제 정조 타임이에요. 정조 타임인데, 어, 기존에 원래 달력이라든가 핸드폰 사용해서 조석시간표를 봐요. 보면 '아, 몇 시가 정조니까' 정조 타임 30분 전후, 이렇게 1시간을 작업할 수 있어요, 기존에. 근데 진도는 특이한 게 있어요. 유속이 정조 시간이 지났는데도 계속 가는 거예요. 그러니까 시간이 딱, 그 조석표랑은 전혀 안 맞는 거죠. 그거는 조금 뒤로 좀 시간이 아마 늦춰졌을 거예요, 그 당시에 기억으로는. 시간이, 기존의 조석표에 나와 있는 정조 타임보다는 30분 정도 뒤로 미뤄졌다는 그, 그때 당시 예측을 했죠. '물이 계속 가니까 못 들어간다'. 인제 기다리고 있다가, 물이 또 저희는 이제 그런 경험을 많이 해봤으니까 '물이 이 정도면 이제 서는구나, 이제 들어가도 되겠다' 해갖고 그 시간을 다시 우리가 조정을 하게 됐죠. 그러니까 30분 정도 늦춰서 들어가는 걸로.

근데 첫 다이빙, 첫 잠수를 했을 때는 시간이 얼마 안 나온 거야. 잠깐 들어가서 줄을, 가이드라인 줄을 하나 매고 오니까 벌써 유속이 다 가기 시작한 거예요. 그러니까는 아무 준비가 안 돼 있는 상태에서 무작정 들어갈 수는 없는 상황이니까. 처음에 들어갈 때는 앞에 원형 스크루, 그러니까 앞쪽에 스크루가 달려 있는데 그쪽에다 줄을 매놓고 대기를, P19정을 거기다 정박해 놓고 대기하고 있어요. 근데 그 줄이 끊어진 거예요. 그 줄이 끊어져서, "아, 그렇다고. 굵은 줄이 좀 이거보다 굵은 줄이 필요하다, 고정을 해놓을라고 하면" 근데 P19정이 해경에서도 뭐 PP로프라고 그래 갖고, PP로프를 준비해 놓은 것도 없고. 우리가 필요하다고 하니까 어디서 다른 배에서 갖다준 거예요. 주면서 하는 말이 "이거 나중에 꼭 챙겨달라"고 하는 거예요. 아니, 이게 지금 챙겨줄 상황이냐….

　이런 거 갖고 민간 잠수사들한테, 어떻게든 한 번이라도 들어가 볼라고 와서 우리가 잠수를 할라고 준비를 하고 있는데. "물건이 필요하다"고 하면 어디서 갖다가 줘서 '이거 쓰십시오' 하는 게 맞는데. 빌려주는 거죠(웃음). 빌려주면서 "나중에 꼭 자기한테 달라", "자기한테 반납하라"는 식으로 얘기를 하더라고. 그래서 '야, 이거 우리가 반납할 게 뭐 있냐. PP로프가 칼로도 절단할 수 있는 거고, 우리가 용도에 맞게끔 쓸 수 있는 건데. 야, 이거 쓰다 보면 잘라서 쓸 수 있는 거고. 또 배에 연결된 건 그 장력을 받으면 끊어질 수 있는 거고…' [하는 생각이 들었지만], 그러니까 뭐 그런 거에 대꾸할 필요도 없어 갖고 그냥 무시를 해버렸어요, "알았다"고.

　그러고 이제 그 로프를 받아갖고, 당시는 그다음 물때 시간이 새벽 4시 정도 됐을 거예요, 새벽 4시에서 5시 사이. 근데 정조 타임이 딱 되니까 해경에서 P19정 정장실에서 무전 방송, 선내 방송을 하는 거예요. "민간 잠수사들 준비하라"고, "다이빙 준비하라"고. "무슨 소리냐 지금, 물이 지금 흘러가고 있는데 좀 기다려달라, 우리가 알아서 물에 들어갈 때 되면 다 얘기하고 들어가겠다". 아니 아까 전에도, 저녁 시간에도 조석표가 안 맞아서 늦춰서 우리 늦게 들어가서 잠수를 못 했는데, 우리가 이걸 파악하고 30분 늦게 서는 걸 알고 이제부터 준비를 하고 있는데, 그거를 "미리 들어가라"고 방송을 하니까 "우리가 알아서 [할 테니] 기다려달라". 그 전에 이제 비도 많이 오고, P19정 자체가 선내가 좁잖아요.

그리고, 첫, 11시 정도에 다이빙을, 첫 다이빙을 하고 나서 또 우리가 몇 가지 요구를 했어요, 해경한테. 다른 친구들은 얘기 안 하고 제가 이제 주도적으로 해경한테 얘기했죠. "바지선이 필요하다. 바지선이 필요하고, 바지선이 있어야 잠수사들도 더 오더라도 바지선에서 작업할 수 있고. 지금 이 상황에서는 몇 명 들어가서 할 상황도 아니니까", 이제 보고를 하니까 정장들도, P19정, 그걸 제 말을 알아듣더라고요. 그리고 알아들은 거를 무전으로, 본함인 거 같아요, 큰 뭐 3000톤급, 보고를 하는 내용이 "아, 지금 민간 잠수사들이 바지선이 필요하다고 합니다. 바지선 좀 긴급하게 요청하고 있는데 상황이 어떻게 됐습니까?" 그렇게 물어보는 거예요. 답변이 한참 있다 들어왔는지, 지금 뭐 주변에 바지선이 없다는 식으로 얘기를 하더라고요. "아유, 그러면 미리, 근처라도 어디 주변에 있는 바지선이라도 빨리 끌고 와야 된다" 우리가 그렇게 요청을 하고. 하여간 처음에 갈 때 뭐, 우리 여덟 명, 유가족들, 다른 또 일반 민간인들 막 타고 있으니까 막 좁은 거예요. 일단 거기서 뭐 비도 오고 마땅히 쉴 데도 없고, 그래서 비 맞고, 비 맞아가면서 슈트 그대로 입고. 그 뒤에 그 배에 시동 걸어놓으면 발전기 소리가 나고 또 시끄러워요. 그 이제 바깥에, 그때는 갑판에서, 갑판 위에서 모포 몇 개 있더라고요. 모포 그냥 둘러메고, 그냥 모포 위에 앉아갖고 거기서 좀 쉰 거죠.

면담자   거기서 좀 눈을 붙이신 건가요?

전광근   아니요. 눈을 못 붙이고, 눈 붙인 게 아니라 그냥 앉아갖고 "다음 타임 작업하게 되면 어떤 방법으로 해야 될 거 같냐?" 잠수사들 하고 이제 얘기하면서 거기서 계속 쉬고 있던 거죠. 근데 위에서 뭐 먹을 것도 없고 누가 '어디 가서 쉬라'는 소리도 없고, 우리가 무슨 대접을 받으려고 간 것도 아니지만, 상황이 '아, 이런 상황밖에 안 되는구나' 저는 그렇게 생각했어요. '어쩔 수 없는 상황이구나. 우리가 유가족들 들어가서 쉬고 있는데, 우리 잠수사들이라고 해가지고 우리가 대접받을라고 하면 안 되겠구나' 생각을, 그런 판단이 들더라고요. 그래서 그냥 조용히 갑판에 이제 앉아서 이제….

이제 잠수 시간이 됐어요. 새벽 4시, 5시 그 시간쯤 됐을 거예요. 그래서 이제 처음에 다시 줄을 굵은 걸 좀, PP로프 좀 굵은 거를 해서 그 오대양에서 같이 온 잠수사가 세월호랑 연결을 해놨어요. 세월호랑 P19정이랑 연결을 해놓고, P19정이 안 움직이게 고정을 해놓고, 저하고 정경석이라고 선배, 오대양하고 같이 온 선배님이 있어요, 그 선배님하고 같이 내려가게 된 거죠. 그 전에 오대양에서 최성준이라는 다이버가 전 잠수 시간에 가이드라인 타고 내려간 거죠. 일단 그 선배님도 해군 출신이고 제가 해난구조대 출신이니까 배에 대해서, 배에 문이 어떻게 생겼고 창문이 어떻게 생겼고 또 해군 배를 탔기 때문에 배의 형태가 어떤 건지는 다 머릿속에 있는 거 아니에요?

내려갔는데 배에 해치문이라고 있어요, 해치문이 하나 보인 거예요. 우리가 세월호를 타본 것도 아니지만은 '아, 이게 배에 문이, 어딘가 들어갈 수 있는 문이구나' 그래서 그거를 이제 정경석 다이버하고 저하고 같이 열었어요, 열었는데 잘 안 열리더라고요. 기존에 배가 똑바로 서 있는 상태에서 잠궈놓은 거고, 이제 열어야 되는데 안 열리는…. 그러니까 거꾸로 뒤집혀 있는 상태니까, 순간순간 우리도 이거를 이게 어느 쪽인지가 헷갈린 거예요. 그래서 그거를 둘이서 막 로프 이용해 가면서, 장비가 없으니까 또 로프로 해갖고 묶어갖고, 묶어놓고. 또 우리가 들어갔을 때 문이 닫혀버리면 안 되니까 로프를 이용해서 다 묶어놓고 고정시켜 놓고 제가 안에를 들어갈라고 문을 열어갖고 안에 들어가니까, 벌써 그 안에까지 물이 꽉 찬 거예요.

근데 그 안에, 거기까지 내려가는 순간 진짜 영화에서나 들을 수 있던 그런 소리들 있죠? 배 침몰하는 소리. 철제가 구부러지는 소리 막, 하여튼 굉장히 웅장한 소리들이 벌써 내려가는 순간 나기 시작한 거예요. 배가 어디 바닥에 닿아갖고 배 형태가 무너지는 소리들, 찌그러지는 소리들, 안에 집기들이 뭐 쏟아지는 소리들. 벌써 배가 이게, 이게 침몰하는 소리가 크게 날 정도니까, 그 안에 살아 있는 사람들이 있었다고 한들 다 그 소리, 내가 들었던 소리들을 다 들었을 거 아니에요. 우리가, 내가 그 살아 있는 사람들 옆에 가더래도 아무 소리도 못 듣는 거죠. 왜? 벌써 배가 침몰하고 있는 순간에도 엄청난 굉음들이 많이 났으니까.

면담자   지속적으로?

전광근   예, 지속적으로. 그러니까 저도 그런 경험은 처음이에
요. 침몰선에, 침몰하고 있는 배에 들어간 경우는 생전 처음이에요.
그것도 어느 다이버들이나 마찬가지일 거예요, 앞으로도 경험해 보
지 못할.

면담자   라디오 통신이 서로 잘 안 들릴 만큼 굉음이 컸습니까?

전광근   아니죠. 송수신은, 송수신은 잘되죠. 송수신은 잘되는
데 이제 제가 들어가면서, 이 물속에서는 소리의 파장이 좀 커요. 어
디서 들리지, 어디서 들리는, 어디서 나는 소리인지는 분간이 안 가
더래도 소리가 더 크단 말이에요. 육상에서, 그 일반 저 육상에서 그
냥 소리 나는 거보다 물속에서는 조그만 소리도 크게 들린단 말이에
요. 근데 엄청난 굉음이, 굉음과 함께 벌써 '아, 이게 배가 지금 침몰
하고, 계속 침몰하고 있구나' 이런 판단이 들더라고요. 일단 해치문
을 열고 들어갈라고 하니까 벌써 거기 물이 꽉 찬 거예요.
      찼는데 거기에 뭐가 있었냐 하면은 나무 집기들, 밑에 깔판이라
고 해야 될까, 팔레트[니] 뭐 적재를, 무슨 창고 용도로 썼던 거 같더
라고요. '아, 여기는 창고구나' 그리고 나서 이제 다시 밑으로 더 내
려가 볼라고 다시 이제 문 쪽으로 나와서 다시 내려가는 순간, 기존
에 세월호하고 P19정하고 연결했던 로프가 끊어져 버린 거예요. 줄
이 끊어져서 거기서 송수신으로 "지금 줄 끊어졌으니까, 배 떠내려
가니까 빨리 올라오라"고, 그러니까 내가, 내가, 나하고 정경석 잠수

사하고 더 밑에 내려갈라고 해도 배하고 연결된 로프가 끊어진 순간, 끊어져서 더 이상 내려갈 수가 없어요. 배가, 배가, 우리가, 우리는 배에 P19정에 고정된 상태에서 호스를 매고 들어왔기 때문에, P19정이 이 침몰선하고 멀어지면 멀어질수록 우리는 어차피 못 올라오는 상황이니까 어쩔 수 없이 짧은 시간 잠수를 하고 올라왔어요.

올라와서…, 그 당시 뭐 도면이 있는 것도 아니고 누가 그 배에 대해서 설명해 준 것도 아니고, 일단 무작정 들어가 본 거니까, 살아 있는 사람이 있나 없나 확인했던 거니까. 그래 벌써… 안 좋은 느낌이 딱 드는 거예요. '아, 이거 진짜 크게 잘못됐구나'. 지금 이 얘기, 이 상황까지 만들, 그 많은 시간을 다 허비하고 이렇게 배가 이 정도까지 가라앉혀 [놓고] 했던 상황들이 참 어떻게 보면 한심하더라고요. 내가 가기 전에도, 우리가 들어가기 전에도 누군가가 들어가서… 확인이라도 했으면, 누구라도 내려가서 침몰하기 전에 배가 떠 있는 상태에 부이[Buoy, 부표]라도 제대로, 여기가 어디 위치고 어디 문 쪽이라든가, 어디 격실 들어가는 입구다, 거기다가 부이를 띄워놓고 줄이라도 매났으면 누구든 그걸 타고 다시 내려갈 수 있는 상황이잖아요, 그 조치도 아무것도 안 해놓고.

면담자   그러니까 라인 세 개는 서로 엉켜 있는 채, 하나 정도 있었던 것에 불과했고?

전광근   예. 그거는 먼저 뒤집어진 상태에서 들어갈 수 있는 한 개가 거기밖에 없으니까 다들 거기만 들어가서 맨 한 자리만. 100명이 와서 한군데만 잡으면 뭐 할 거야.

3

언딘의 개입과 에어 주입 작업

면담자   그러면 세월호 도면은 언제쯤 받으실 수 있었습니까?

전광근   아니, 그러니까 그게 설명을…, (면담자 : 예) 그 상황이 됐어요. 돼갖고 그게 17일 날 됐고. 17일 날 아침에, 18일 날이 된 거 잖아요?

면담자   18일 4시에 두 번째로 들어가신 상황을 설명하신 거죠?

전광근   예, 그래요. 그리고 또 이제 아침에, 또 아침에 7시 정도 되니까 우리가 그 전에도 P19정에 다시 줄을 매놨어요, 다시 다음 잠수 시간에 다이빙할라고. 근데 갑자기 한국[수중]기술 1호라는 배가 P19정에 접근을 하면서 배를 교체해야 된다는 거예요. P19정 빼고 저 한국[수중]기술 1호가 여기 접안을 해야 된다는 식으로 얘기를 하더라고요. "무슨 이유냐?"고 했더니만 "에어 주입을 해야 된다"는 거예요. 그래서 "아니, 무슨 에어 주입이냐? 어디다 뭐 주입할 데도 없는데, 아직 가이드라인도 제대로 설치도 안 되어 있는데". 뭐, 우리가 안 비켜줄 수 있는 상황이 아니잖아요, 해경에서 "하라"고 하니까 "바꾸라"고 하니까. 그러면 해경에서 줄 벗겨버리고 우리는 P19정 빠져나가서 뒤에서 다시 대기하고 있었고, 한국[수중]기술 1호가 거기 침[몰]선에 다시 줄 잡아놓고 하더라고요.

나중에 알고 보니까 이제 언딘 팀이더라고요. 그 언딘 팀이 에어 주입할라고 왔다 갔다 하고, 그러면 혹시 아는 잠수사라도 있나 물어볼라고 하니까 아는 잠수사가 없더라고요, 잠수사가. 누가 연락도, 그 당시 핸드폰 충전도 안 되는…. 그래서 그냥 또 아침부터 오전 그때가 11시인가 또 그 정도 됐을 거야, 그때 11시 되면 들어갈려고…. 10시쯤인가가 해경한테 연락이 또 오더라고요. 우리 이제 그 한국[수중]기술, 세월호 침몰선 근방에 떠 있는데, 언딘 쪽에서 "잠수사가 부족하니까 에어 주입하는 데 지원 좀 해줘야 된다", 잠수사가 부족하다니까 "그래, 알았다. 가서 뭐 우리 선에서 도와줄 수 있으면 도와주겠다" [했죠]. 그러니까 이제 거기에 누가 있었냐면, 언딘 직원에 한재우라는 팀장이 있더라고요. 한재우라는 팀장이… 거기서 총, 언딘 직원인데 총컨트롤 하고 있나 보더라고요.

그 한국[수중]기술 1호 딱 올라가는, 제가 첫 배에 딱 올라가니까 난장판이에요. 아무 지금 뭐, 어떻게 보면 준비도 하나 제대로 된 게 없고, 콤프레셔도 다 진짜 금방이라도 고장 날 콤프레셔를 올려놓고, 잠수사들도 전에 잠수를, 뭐 16일 날 잠수를 했는지 다 힘이 빠진 잠수사들 두 명 있는 거고…. 또 콤프레셔, 콤프레셔를 그러니까 콤프레셔를 갖다 올려놓고 잠수를 준비하고 있더라고요, 10시쯤에 가니까. 송수신도 잘 안되는 거 풀페이스를 갖고 잠수 작업을 하고 있더라고요. 야, 이제 제가 거기서, 제가 아무 권한이 없어요, 없는데 처음 보는 사람들 앞에서 "니들이 죽을라고 들어가냐? 이거 갖고 어떻게 잠수를 하냐, 응?" 그랬더만 한재우 팀장이 나한테 그러는 거야. "VIP가 보고 있다. 저 모배에서 VIP 지시로 에어 주입을 해야 된다"는 식으로 얘기를 하더라고요.

"야, 에어 주입을 하다 니들이 죽겠다. 저게, 어떻게 저거 갖고 들어가냐? 금방이라도 고장 날 거 같은 콤프레셔를 돌리고, 송수신도 안 되고, 가이드라인도 제대로 어디 매져 있지도 않은 상태에서 어디로 들어가고 어디다 공기를 주입할 거냐? 나는 못 들어가겠다. 할라면 니들이 들어가서 해라". 결국은 그 언딘 잠수사 중에서 안길필이라는 잠수사가 있어요. 이제 우리 오대양 쪽에 박근식이라는 잠수사가 또 있어요. 그리고 이제 그 친구들이 첫 조로 준비를 했어요. 시간이 정조 타임이 딱 돼서 안길필 씨가 공기호스를 갖고 가고, 이게 혼자서는 안 되니까 박근식 씨라는 잠수사가 보조 역할로 같이 보조 다이버로 같이 들어갔어요. 들어가서 그냥 거기서도 계속 씩씩거렸죠, 1시간 넘게 있다가.

면담자   지켜보시면서?

전광근   예. "대통령이 보고 있다"고 이걸 하는 짓이, 쇼하는 것도 아니고. 근데 아니나 다를까 제가 걱정하는 게 현실이 된 거예요. 콤프레셔가 꺼져버려요. 아무리 시동을 걸어도 시동이 안 걸리는 거야. 시동을 걸 수가 없는 거죠, 콤프레셔가 고장 났으니까. 이제 송수신도 잘 안되니까. 우리 이제 그 잠수 기본에 수신호가 있어요. 그 호스 신호로 해갖고 긴급신호를 보내서 올라오라고 했어요. 박근식이라는 잠수사는 바로 올라왔더라고요. "콤프레셔가 고장 났으니까 빨리 올라오라"고. 그때 안길필 씨가 좀 늦게 올라오더라고요. 늦게 올라오면서 에어 호스를 어디다 묶어놓고 온 거예요. 어디다 묶어놨는지는 모르지만 어디다 묶어놓고 온 거예요. 묶어놓고 와서, 안길필 씨가 뭐 "에어 주입해야 된다"고 하는 상황이 돼버린 거예요.

그런데 내가 에어 주입이 어따 대는가 그게 제가 신경 쓸 게 아니고, 제가 저도 다이버니까 이런, 이렇게 급상승하게 되면 다이버들이 위험하니까. 마침 그 에어 주입 과정에 언론에서도 다 관심이 있었던 거고, 에어포켓을 유지할려고 하는 뭐 그런 제스처를 취해야 될 상황이고 하니까 해경들도 와서 뭐 난리법석이고, 해군들도 와서 옆에 붙어 있고. 다이버들이 긴급하게 두 명이 급상승해서 올라왔는데 가만히 보고 있을 수 없겠더라고. 그래서 마침 그 SSU, 제가 이제 SSU 나왔는데, 전역했는데, SSU 그 대장님이 보트에서, 한국[수중]기술 1호 옆에서 보트 위에 있더라고요.

그래서 제가 "대장님, 지금 다이버들이 잠수 작업하다가 콤프레셔가 고장 나서 긴급하게 올라왔으니 챔버[chamber: 잠수 시 몸속으로 들어간 질소를 몸 밖으로 빼내는 장치]가 있으면 챔버 좀 사용해도 되겠습니까?", "아, 알았다"고. "누구냐"고, "빨리 태우라"고 그래서 제가 그 잠수사들을 두 명을 대장님한테 인계를 해주고 챔버로 보내서 치료를 하게끔 제가 말을 했었어요. 그 사람[은] 챔버 치료를 받으러 갔고, 챔버 치료를 하러 가면서 "에어를 주입하라"고 한 거예요. 나는, 뭐 내가 거기에서 권한이 아무것도 없지만 어떤, 그 안길필, 안길필이 아니지 한재우라는 팀장한테 "어따 맸냐?" 그랬더만, 자기도 모르겠대요.

(헛웃음을 웃으며) 모르는데 일단 에어를 주입을 해야 된대. VIP가 보고 있으니까, 에어를 주입을 하더라고요. 2시간인가 3시간인가 에어 주입 계속하면서, 주구장창 하더라고요. 에어가 실질적으로 어디, 어디 안에 이런 종이컵, 종이컵 없나? (설명할 것을 찾으며) 이게

이제, 이런 그릇이 있다면 에어가 어느 정도 차 있다 그러면 이 안에다가 에어를 주입을 해서 이 안에 있는 물을 빼내어 갖고 이거를 더 부력을 유지시켜 줘야 되는 상황인데. 아니, 창문도 하나도 안 깬 상태고 문을 개방도 하나도 안 한 상태고, 가이드라인을 어디다 맺는지도 모르는 상태고 한데, "주입 호스를 맺다"고 하는 거예요. 어따 맺냐? 아직도 미스터리예요.

그러면 결과적으로 나중에는, 결국 어따, 어디다 맺냐면 선수 끝난간, 그죠? 우리가 처음 그 매져 있던 가이드라인, 또 우리가 다시 설치했던 가이드라인, 결국 거기밖에 들어갈 수가 없는 거야, 그 짧은 시간, 5분도 안 되는 시간 동안. 그러면 거기 뭐가 있냐? 라이프 저 그러니까 구명, 구명정이 있어요. 그러니까 그게 수압식으로 터지는 구명정이 이제 그 라이프 보트, 라이프 저게 있는데 그게 배마다 다 있단 말이에요. 거 근처에다 이제 매놓고 올라온 거더라고요. 근데 이게 유속이 가면은 에어가 유속 가는 대로 갈 거 아니에요? 에어는 저 물속에서는 인제 떠버리니까. 3시간, 4시간이고 에어를 주입하니까 배가, 이렇게 유지하고 있던 배가 갑자기 점점점점 침몰하게 된 거예요. 에어를 주입하는, 하면서 배를 완전히 침몰시켜 버렸어요.

그러니까 나중에 매스컴 한번 찾아보세요. 에어 주입한 과정 속에서, 에어를 주입하고 나서 배가 완전히 가라앉아 버렸어요. 어떤 판단하는 거는, 제 판단은 그래요. 내가 처음에 들어갈 때 그 엄청난 꽝음과 [그런 소리를] 들었을 때, 배가 침몰하는 과정 속에서 내가 과연 맨 정신으로 진짜 거기를 들어갈 수 있을까? 내 스스로 본인이? 나도 그거는 못 들어가요. 내가 진짜 목숨 걸고, (면담자 : 네) '내가 여기서 죽을란다' 하고 자살행위 할 거 같으면 내가 거기 들어간다 이거야. 단, 배가 항상 이 상태에서 유지는 돼 있어야지, 배가 침몰 하지 않고. 근데 에어 주입한 그러한 뒤로는 원래 이렇게 뒤집어 있 던 배가 완전히 이렇게 누워버린 거잖아요. 그럼 완전히 물에, 안에 뭐 에어포켓이고 뭔 자체를… 에어가 하나도 안 들어갔던 상황, 에 어 주입을 안 했다는 얘기 아니에요? 에어 주입 작업은 완전히 실패.

그리고 혹시나 그 안에 살아 있었을 수 있는 분도 이제는 못 찾 는다, 방법이 없다 그러면 그 304명이라는 실종자들을 누군가는 또 수습을 해줘야 되잖아요. 근데 그 당시에는 어떤 상황이었냐면 저는 개인적인 자격으로 간 거예요, 누가 뭐 해경이라도 요청이 왔든 누 가 오든 그런 게 전혀 없었고. 음, 제가 17일 날 내려오면서도 공 이 사님한테 연락을 하고 "내려오셔야 되지 않냐? 애들 좀 구해야 되지 않냐?" 근데 "가면 뭐 하냐?" 이거예요, 공 이사님도. "장비가 있냐? 준비된 장비가. 뭐 갖고 들어갈 거냐?" 공 이사님은 실질적으로 잠수 를, 예전에는 젊었을 때는 하셨지만 지금은 안 하시니까 내가 가서 도와줄 수 있는 게 없으니까, "기다려보자" [하셨어요]. 자기도 저기 유성수중, 공 이사님은 유성수중 소속이고 저는 유성수중 소속이 아 니니까 [제] 본인이 개별적으로 간 거고, 가면서 유성수중 사장한테 도 전화하고 공 이사님한테도 전화하고. 근데 그, 그러니까 최대한, 나 혼자 가서도 안 될 상황이니까 누군가가 같이… 같이 갔음 해서 했던, 그쪽으로 연락해서, 그게 제가 뜻하는 바로는 잘 안됐으니까, 결국은 혼자 내려가게 되고 오대양 팀하고 같이 조인했던 거고, 그 래서 다이브를 하게 됐던 건데.

잠수사 전광근

언딘이 그 상황을, 음 모르겠어요. 뭐. 나중에 알게 된 뭐 "청해 진, 뭐 보험회사에 연락이 왔다", "청해진에서 뭐 계약하러 왔다", "누구랑 계약했다", "언딘이 주도적으로 작업할 거다" 또 이런 소리 가 들리니까 오대양 식구들도 이제 자기네는 "가야겠다" 이거예요. (면담자 : 음) 언딘에서 다 한다는데, 우리가 억지로 들어갈라고 해도, 언딘이 주도적으로 하는 상황에서 그 오대양 팀들도 뭐, 어떻게 보 면은 도와줄 수 있는, 도와주려고 내려왔던 상황인데, 언딘에서 자 기네들이 주도적으로 할라고 하는 거고…. 근데 그 상황에서 콤프레 셔가 없어, 고장 났잖아요. 언딘이 갖고 온 콤프레셔가 없잖아요. 다 음 시간에, 다음 잠수 시간에 들어가서 잠수를 해야 되는데, 없으니 까 그 한재우라는 팀장이 저를 찾아왔더라고요.

언딘에 장병수라는 이사가 있어요. 이사가 이제 제 바로 1년 밑 에 후배예요, SSU. "장 이사님한테 연락받았습니다. 전 팀장님한테 가서 콤프레셔 좀 빌려달라고 얘기를 하랍니다" 그러는 거예요. "야, 콤프레셔 내 거 아냐. 저거 오대양 거야. 응? 니들은 장비도 안 갖고 와서 무슨 잠수를 한다고 그러는 거야? 어차피 잠수해서 니들이 애 들 구할려 그러면 니들은, 니들 저 살 궁리부터 해갖고 와야지. 장비 도 없는데 어떻게 잠수 작업을 할라고 그러냐?" 그래서 제가, 어차피 내가 안 들어가고 언딘이 만약에 들어간다고 가정했을 때, "그래 좋 다. 내가 오대양한테 얘기해서 장비 니들한테 내일 쓸 수 있게끔 넘 겨주도록 하겠다" 그러고 나서 장비를 3009함에 올려줬어요.

그 처음에 얘기했죠? 그 콤프레셔가 사람이 들고 나를 수 있는 장비가 아니니까, 3009함에서 그 보트 드는 크레인으로 들어서 이동

77

해서, 다시 이제 언딘으로 한국[수중]기술 1호로 넘겨줬어요. 넘겨주고 거기에 달려 있는 풀페이스 호스라든가 이것도 다 넘겨줬어요, 송수신 되는 걸로. 그럼 이제 저도 이제 빠져나올라고, 아니, 언딘이 주도적으로 한다는데 내가 뭐 굳이 가갖고, 자기네들 잠수사가 있는데, 뭐 배가 지금 완전 침몰된 상황인지 어떤 상황인지 모르니까. 그래 3009함에서 대기하고 있는데 "팽목항에 나간다"고 하더라고요. 그 당시 16일 날부터 잠을 못 자고 고민하다가 아침에 출발하고 17일 날, 18일 날, 18일 날 6시까지 잠 한숨 못 잤으니까.

면담자　　　아침 6시요, 저녁 6시?

전광근　　　저녁 6시까지. 먹지도 못했죠, 옷도 하나도 못 갈아입었죠, 잠도 못 잤죠. 그러니까 내 몸이 이상이 오기 시작한 거예요. 비도 맞고 쫄딱 맞고, 뭐 기온도, 파도도 치고 뱃멀미 같은, 뱃멀미도 좀 하고, 그래서 팽목항에 왔어요. '일단은 뭐 좀 먹자. 먹고 다시 한번 생각을 해보자. 다시 돌아갈 건지, 다시 팽목항에서 현장에 울산으로 복귀할 건지, 다시 세월호 침몰 현장에 갈 건지' [하고 생각을 했어요]. 일단은 이제 제 판단은 그렇지만 제 동기, 같이 간 제 동기가 "일단은 팽목항에 가자"고 하더라고요. 어떻게 보면 찡얼댄 거죠, 먹지도 못[했고] 그 친구는 덩치도 좋으니까 먹지도 못하지 씻지도 못하지 그러니까 "제발 좀 가자"고 하더라고요.

"그래 일단 가자. 가서 뭐 좀 먹자" 그래 갖고 팽목항에 가니까 자원봉사자들이 막 밥해주고 뭐 구호 물품 나눠주고 하더라고요. "일단 밥 한 끼 먹자. 우리가 뭐 잠수사라는 내색하지 말고, 그냥 가갖고 밥

한 끼 먹자" [하고] 밥 한 끼 먹고 있는데, 공 이사님이 "내려왔다"고 하더라고. "어디 계시냐?"니까 거제도에 계시다고 하더라고요. 거제도에서는, 거제도에는 뭐가 있냐 하면은 언딘 리베로, 언딘 리베로가 거기 천해지 조선소에 있는 거예요. 천해지 조선소에서 이제 여기 팽목, 진도 현장을 준비를 할라고, 작업 준비를 할라고 거기다가 잠수 장비, 챔버, 잘 수 있는 침구류, 먹을 수 있는 부식 이거를 다 공 이사님하고 언딘하고 해서 준비를 하고 있는 상황이더라고요. 그래서 '이 상황은 언딘이 주도적으로 하겠구나' 이런 판단이 들었던 거죠.

　그러고 나서 "언딘 리베로가 언제쯤 오냐?"고 계속 물어봤어요. 주변에 바지선도 없고 작업할 상황이 어려우니까, 그 전날에 있었던 일도 다 설명해 주고. 배 P정이 잡아놨는데 끊어지고 잠수를 할 수 있는 상황이 전혀 안 되니까 바지선이 필요하다고 해경에 요청했는데 아직도 안 오고. 언딘 리베로, 그 "잠수할 수 있는 바지선이 곧 출발할 거다. 근데 거제도에서 오는데 뭐 한 3일 정도 걸린다"고 하더라고요. 3일 동안 물에도 못 들어가고 이러고 있을 거냐? 여기 어디 가까운 데서 바지선이라도 갖고 와야 되는 상황이니까. 근데 벌써 그 상황이 있고 나서 크레인, 크레인 리마다, [다시 말해] 해상 크레인들은 뭐 3000톤급, 2000톤급도 조선소에서 지원해 준다고 막 올라 와 있죠. 다른 민간업체들 막 서로 막 올라와 있죠. 누가 누군지 그 세월호 침몰선 주변에서는 수백 척의 배들이 떠 있죠. 군함도 떠 있죠. 경비정, 어선 뭐 "지원한다"고 떠 있죠. 정신이 없는 거예요. 근데 과연 "그 바지선이 언제쯤 오냐?"니깐, 그날이 18일인데 "이십 한 3, 4일 돼야 된다"고 하더라고요.

4
초기 시신 수습 등 잠수 작업

전광근　　　　그때까지는 아무것도 할 수 없는 거 아니에요? 언딘이 주도적으로 하는데 우리가 과연 뭐 할 상황도 아니니까. 근데 해경 쪽에서 연락을 받으니까 갑자기 "바지선이 도착했다"는 거예요. 내일 아침에 세팅할 수 있을, "19일 날 바지선을 세팅할 수 있게끔 준비를 하겠다"는 얘기야. "아, 그러냐?"고. "그럼 거기에 그 오대양에서 언딘에 넘겨줬던 콤프레셔도 거기다 선적을 하고, 언딘 다이버들두 명 있으니까 우리가 다이버들을 불러서 같이 좀 했으면 한다" 이런 식으로 요청이 왔대요. 그래서 이제 제가 같이 간 동섭, 이동섭 씨한테 "야, 바지선 준비 됐다니까 다시 들어가야 되겠다" 하니까 자기는 "못 하겠다, 가겠다", "집에를 갈라면 집으로 가고, 울산 현장으로 갈라면 가라", "그러면 울산 현장으로 가겠다" [해서], 간다는 사람을 제가 억지로 끌고 갈 수 없잖아요. 또 다시 현장에를 가게 되면 어떤 상황이 발생할지도 모르니까, "니가 결정한 대로 따를 테니까, 울산 현장 가겠다면 울산 현장 가서 일하고 있으라"고 보냈어요.

　　동섭 씨 보내고 거기에 울산 현장에 있던 김수열 씨라고 있어요. (면담자 : 김?) 김수열. (면담자 : 예) 제 1년 선배. 그 선배를 이제 다시이제 "오라"고 그랬죠, 이동섭 씨가 가고 김수열 씨가 이제 다시. 그 김수열 씨는 실질적으로 잠수를 할 수 있는 사람이니까 오라고 했죠. 또 몇몇 잠수사들이 또 올라고 마음먹은 사람들이 또 있으니까, 황병주 씨, 한재명 씨, 누구지? 네 명 있구나. 네 명하고, 또 부산에서 코리아샐비지라는 회사에서 리마다를 타고 부산에서 올라왔는데, 그 사람들도 잠수를 할 수 있는 사람들인데, 어디에서 가서 누구하고 같이 잠수를 할 수 있는 조건이 안 만들어졌으니까 그냥 대기하고 있었던 상황이에요. 그래서 우리하고 같이 들어가자 해갖고 19일 날 들어가게 된 그런 거죠.

들어갔는데 그 당시 이제 들어가서 뭐 "바지선이 와 있다"는데 "바지선이 어디 있냐?" 물어보니까 멀리서 오고 있더라고요. 그때 크레인 장착된 바지, 금호샐비지가 그때 도착을 한 거예요, 19일 날. 그래서 19일 날 거기서 이제 금호샐비지 가보니까 장비가, 잠수할 수 있는 장비 준비가 또 아무것도 안 돼 있는 거잖아요. 그럼 어떡해요? 기존에 한국[수중]기술 1호에 넘겨줬던 장비들을.

면담자   다시 옮기나요?

전광근   다시 다 옮기고 거기서 또 다시 잠수 장비를 세팅을 한 거죠. 하고 나서 침몰선, 세월호 가라앉은 위치에 또 세팅을 하고…. 근데 그 금호샐비지 자체가 배가 좀 작은 거예요. 앵커, 앵커 그 배의 닻이죠, 앵커 시스템도 적은데 수심 낮은 데서 작업했던 거고, 앵커도 가벼운 거, 톤수가 좀 가벼운 거고. 그냥 세팅하면 조류에 밀리고, 세팅하면 조류에 밀리고 그래서 그 세팅하는 데도 한참 걸렸어요. 그래서 19일 날, 19일 날 우리는 이제 그렇게 준비하고 있는데 갑자기 들려온, 밖에 나가서 전화를, 전화가 왔는데, 그 언딘 아니, 자꾸 언딘이란다, 다른 잠수사들이 또 세월호가 완전 가라앉은 상태에서 한번 들어가서 봤나 보더라고요. 인천에 캡틴수중이라고, 거기는 윤덕규라는 동생이 있는데 그 친구가 전화가 왔더라고요. "형, 어디냐?"고. "나 여기 팽목항에 있다. 지금 들어가서 작업할라고 준비하고 있는, 준비하는 중이다" 그랬더니 "저 어제 들어갔다 왔어요" 그러는 거예요. "어디 들어갔다 왔는데?" 그러니까 "세월호들어갔다 왔다"고. "어, 그러냐? 그럼 어떻게 뭐 상황은 어떠냐?" 그랬더니…, 그 뭐 "구명동의 입은 사람들을 봤고, 창문을 깰라고 하니까 창문이 안 깨지더라, 자기도 시간이 돼서, 잠수 시간이 돼서 올라왔다"는 식으로 얘기를 하더라고요. "아, 그러냐?" 그러면 우리가 이제 들어가서 확인할 수 있는 방법은 그 친구들이 확인했던 거를 우리도 직접 봐야겠으니까… 음 일단 힘들지만 어렵게 금호샐비지를 침몰선 위에 세팅을 했어요. 정박을 다 해갖고 첫 잠수를 누가 했냐면 이상진이라는 잠수사하고, 김순종이라는 잠수사가 했어요, 김순종.

면담자   김순종.

전광근   그분들이 첫 잠수를 해서 첫 시신을 수습하기 시작한 거죠. 그 당시는 창문… 3층인가요? 3층, 3층 객실. 학생들이 주로 많이 탔던 객실, 그것도 선수. 선수 3층 객실부터 이제 작업을 했던 거죠. 19일 날 많이 올라왔어요. 많이 올라왔는데, 그 당시에 총잠수사가 다섯, 여섯, 일곱 명이 있었어요. 일곱 명이 있었는데 그중에서도 제가 가장 나이가 어렸어요. 다 이제 선배님이고, 다 기존에 알고 지내던 사람들이니까 일단 뭐 팀웍이[팀워크가] 맞든 안 맞든 다른 사람들을 기다릴 수 없는 상황이었어요. 그 상황에서 이제 제가 또 장비도 늘 다 하고, 작업은 어느 식으로 할 건지 파악하고 하는데 그때서야 이제 도면이 하나 오더라고요, 세월호 도면이, 단면도. 그러니까 어디, 어디 그 배 그림하고 창문 개수하고 이런 게 나오더라고요.

우리가 이제 3층 객실부터 수습을, 수색을 할 계획을 잡고…. 가이드라인을 갖고 내려가는데, 가이드라인을 어디다 묶을 데가 없는 거예요. 묶을 데는 그 난간밖에 없는 거야, 난간. 그러니까 중간, 중앙 격실 끝나는 데에 난간이 있어요. 난간부터 선수까지, 선수에도 난간이 있어요. 그러면 이 창문들이 10몇 개가 있는 창문들을 다 가로질러서 일단 줄을, 일단 가이드라인을 하나 연결을 해야 돼요. 줄 하나 연결하고 그 줄 타고 다니면서, 우리도 이제 뭐 벽을 맨바닥을 잡고 다닐 수는 없으니까 줄을 잡고 다녀야 되니까, 가이드라인을 하나 치고. 이제 하나, 창문 하나하나마다 일단은 육안으로 다 확인을 한 거예요. 라이프 자켓이 많이 보이는 상황이었던 거고, 첫 잠수를 김순종 씨하고 이상진 씨가 했는데 전해 들었던 말이 또 생각이 나는 거야. 그 윤덕규라는 동생이 "형, 창문이 잘 안 깨져요" 해서 우리가 그 창문을 깰 수 있게끔 현장에서 뾰족하게, 그러니까 약간 창문이 잘 깨질 수 있을 정도로 해서 망치를 하나씩 좀, 그 현장에서 용접을 해서 만들었어요, 잘 깨지게끔, 깨지게끔 해서 만들었고.

이상진 씨하고 김순종 씨가 들어가는데, 그 사람들이 다 이제 아까, 나이들이 많은데 그 사람들이 이제 저한테 "팀장을 좀 해달라. 니가 이런 경험도 많으니까, 니가 하자는 대로 할 테니까 니가 팀장을 맡아줘라", "알았어요. 내가 할게요" 그런 상황이 됐던 거고. 그 상황에서 이제 그 사람들을 이끌고 19일부터 이제 수색 작업을 했던 거죠. 첫 수습을, 인양하는데 막 다이버들이 물속에서 막 뭐라 뭐라 막 하는 거예요, 욕도 하고 네, 노발대발하고. 일단 유속이 세고, 시야도 안 나오고, 또 뭐야 준비도 하나도 안 된 상태에서 일하는 게 힘들잖아요. 또 그 상황에서 첫 수습자들을 한 구, 한 구씩 수습을 하는 과정이 시작된 거죠. 그때부터 이제 시작이에요, 19일부터. 몇 구가 올라왔는지, 처음에 몇 구가 올라왔는지 기억은 안 나요. 상당 수가, 많이 올라왔어요.

그 당시에 우리가 어떤 상황이었냐면, 음, 창문을 하나 깨면은 그게 학생들이 막 부둥켜안고 막 엉켜 있는 상황이었어요. 엉켜 있는 상황에서 잠수사들은 한정돼 있는 거야. 우리가 잠수할 수 있는 시간은 25분이고, 딱 정해진 거야. 이게 잠수 시간이 해면, 해저, 저 그러니까 해면 출발서부터 잠수 시간을 재기 시작한 거예요. 그래서 내려가는데 한 1, 2분 소모하죠. 어디 위치 찾고, 어디까지 창문까지 가는데 또 시간 소비하죠. 창문을 깨고 안에 그 조금 격실을 다, 그 시간에 다 뒤질 수는 없어요. 그러면 창문 하나 깼는데 거기서 집기들이 많을 거 아니에요? 어떤 데는 식당 칸도 있었던 거고, 어떨 때는 뭐 신발장 같은 것도 떠 있는 거고.

신발장 치우면은 학생들 보이고, 한 구 끌고 올라오면은 전부 라이프 자켓 입고 있으니까 서로 뜰라고 그러는 거야, 창문 틈 사이로. 그러면 우리는, 우리 상황에서는 여기에 여러 구가 있는데 잠수사들이 한정된 시간 동안 이 많은 학생들을 한꺼번에 끌고 올 수 있는 방법이 없는 거예요. 그 상황에서 선택 같은 게 어떤 거냐면은, 창문을 깨면 무수한 그 수많은 학생들, 일고여덟 명이 되는 학생들을 라이프 자켓이 다 뜨니까 이걸 한 사람이 누르고 있어야 돼요, 다. 창문이 좀 커요. 1미터, 1미터가 좀 안 됐구나, 80센티미터 정도? 가로세로. 그러니까 한 사람이 딱 누르고 있고 한 사람은 시신을 수습하는데, 라이프 자켓을 다 동여매서 그냥 송수신으로 "한 구 올라갑니다" 그러면 거기서 이제 띄우는 거죠. 그 수심이 24미터예요, 바다 수심이, 선체에 그 창문하고 선체하고[의 수심이]. 이제 "한 구 올라갑니다. 확인하면 연락주세요" 하고, 이렇게 그 당시에 우리가 그렇게 올리면은 해경들이 그 해경 경비정에 뜨는 대로 싣고 다시 가갖고.

면담자   가이드라인 있는 데다 엮어서 올리는 게 아니군요? 그냥 띄우는 거군요?

전광근   예, 그냥, 그냥 [띄웠어요]. 엮어서 올리면 중간에 걸려갖고 안 올라가면 또 누군가가 올리다, 또 올라가서 그걸 확인해 줘야 되니까. 라이프 자켓이, 뭐지, 부력이 있으니까 그 라이프 자켓이 안 벗겨지도록 동여매서 한 구씩 올리기 시작한 거예요. 일단은 창문 하나를 깨면은 최대한 들어가서 해놓을 수 있는 만큼, 그럼 올려주고 마지막에 한두 구 남으면 각자 한 명씩 끌고, 부둥켜안고 올라오는 상황. 근데 그 상황에서 또 그 안에 정확히 100프로 수색했다고 우리는 볼 수 없잖아요? (면담자 : 네) 뭐 막아놓을 수 있는 방법도 없어요. 그다음에 뭐 시신 유실 같은 것도, 또 그러면 우리는 어떡하냐[어떻게 하냐 하면], 우리는 기존에 집기라든가 신발장 이런 거 다시 창문에 막아놔요. 막아놓고 다시, 우리가 다시 들어가서[올라가서] 우리가 이제 어디까지 했으니까 다음 다이버들한테 "어디까지 들어가면 뭐가 있을 거다, 그거 치우고 다시 들어가면 된다", 그것까지

애기를 해가면서 다 잠수 작업을 했던 거죠. 처음에 딱 이제, 제가 이제 김수열 씨랑 같이 들어갔는데 김수열 씨는 시신 작업을 한 번도 안 해본 사람이었어요, 저보다 선배인데.

면담자   19일에 들어가신 거죠?

전광근   예, 19일 날. 처음 들어가서 한 게, 김수열 씨는 시신 보고 깜짝 놀라는 거예요. 잡지도 못하는 거예요. 내가 물속에서 "아, 어떡하냐" 이러고 이러고. "형이 이런 상황에서 이렇게, 이런 상황을 만들면 안 된다".

면담자   물속에서?

전광근   예. 물속에서 "잡고 들어가라"고, "잡으라"고, "잡고 있으라"고. 그리고 나서 그 잠수 시간 25분 동안 설명해 주고, 또 수습해 오는 거 확인해 주고. 물속에 이제 잠수 시간 끝나고 올라와서 바지에서도 내가 동생이지만 인간적으로 "형, 살리지는 못했는데, 애들이 죽어 있는 상황에서 어떻게 저거 그냥 놔두겠냐? 형이 그거 무섭고……" 실질적으로 어떻게 보면 어려운, 뭐 이렇게 말해서 죄송하지만 지저분할 수가 있어요. 근데 "이거는 형, 이렇게 하면 안 된다. 형이 지금 도와줄려고 왔으면 형도 이런 거 무시하고 같이하자. 잠수사가 없잖아. 형하고 몇 명 안 되는데 같이하자". 그래서 결국은 그 형도 수긍하고 "알았다"고 하더라고. 대다수 사람들이 그런 거예요. 민간이라는, 대다수 잠수사들이 마음만 있는 거예요. 마음은 들어가고 싶은, 자기가 들어가면 다 구해 올 수 있는 것마냥 매스컴에 떠들고, 인터뷰하면서 떠들고 [했지만] 실제로 전화해서 "오라" 그러면 "그거 어떻게 가냐"고, "안 간다" 그래요.

면담자   으음.

5

초기의 열악한 잠수 작업 상황

전광근   결국은 그 처음에는 우리 팀이 여섯 명, 여섯 명이고 언딘에 다음에 다이버 두 명 있었는데, 언딘에서 온 다이버들은 자기네들이 또 뭐 그 당시에 방송국에서 뭐 "사진 찍어달라" 그래 갖고 몰래 찍어갖다가 방송 그거 넘겨줘 갖고, 돈 받았는지 모르지만, 그런 상황도 있고 해서 "우리는 당신네들이랑 같이 못 하겠다" 그러니까는, 자기네들이 먼저 왔지만 언딘이라는 회사를 통해서 먼저 왔지만, 우리는 민간 차원에서 와서 들어갈 수 없는 상황에, 다이버들이 없으니까 우리가 지금 수습 작업을 하고 있는데…. 그러나 이 여섯 명이라는 팀은, 사람들은 저를 믿고 제가 얘기하는 대로 따라서 잘 하고 있는 상황인데, "당신네들은 뭐냐? 우리 와서 작업하는데 도와주지도 않고, 몰래 딴 데 가서 사진이나 찍고". 결국은 그 사람들이 나중에 스스로 배제가 되더라고요. 여섯 명이서 했던 거죠.

19일, 20일, 21일, 계속해서 이제 다이빙을 하니까, 하루에, 제가 하루에 많게는 세 번, 하루 24시간 동안 물때가 네 물때를 봐요. 원래 그러면은 네 물때를 볼 수가 없어요. 인간이 한계가 이 24미터 수심을 타게 되면 하루에 한 번 다이빙, 그것도 시간을 딱 정하고, 모든 걸 내려놓고 휴식을 취해야 되는 거예요. 편안한 마음으로, 힘쓰는 일도 하면 안 되고. 원래는 제압 챔버라고 있어요, 감압.

면담자　　　　예, 감압 챔버.

전광근　　　　그러니까 원래 감압 챔버라는 자체는 치료용이 아니에요. 감압, 그러니까 제압 챔버라 하는데, 이거를 기압을 맞춰, 똑같은 수심에 맞춰서 거기서 좀 질소를 분해할 수 있는…. 산소를 마시는 거고, 그게 이제 치료 목적이 아니에요. 원래는 감압용이라고 해서 제압을 할 수 있는, 제압을 시켜갖고 감압을 해주는 감압장치일 뿐이에요, 치료는, 치료 목적으로 하는 게 아니라. 그래 그 당시에 챔버도 없었고 해서 무리하게 다이빙을 계속, 반복 잠수를 계속하다 보니까 몸이 벌써, 저하고 황병주 씨하고 몸에 이상이 느껴지기 시작한 거예요, 팔도 아프고, 뼈마디도 아프고. 그래서 딱 언뜻 생각나는 게 '아, 해군에 있었지. 해군에다 요청을 하자' 해군에는 치료할 수 있는 챔버가 있어요, 평택함. 그러니깐 평택함 자체가 그 잠수사들을 운용할 수 있는 챔버들이 다 있으니까, '해군 측에 요청하자' 해군 쪽에 요청하니까 "알았다"고 하더라고요.

면담자　　　　그게 며칠이죠?

전광근　　　　21일 정도 됐을 거예요, (면담자 : 21일) 21일 정도 됐을 거예요. 저하고 황병주 씨하고 갔는데, 그 배를 운용하는 운용 요원들이 해군에 해난구조대, 이제 제가 전역했던 부대 대원들이 있는 거예요. 같이 군생활 했던 선배들, 동기들 다 이제 그 배에도 있었고. 그러니까 이런저런 "와서 고생 많다"고 하면서 치료를 잘해주더라고요. 아, 처음에 챔버 들어갈 때는, 그 배에 올라갈, 계단을 잡고 올라가야 되는데 계단 올라갈 수 있는, 잡고 있는 팔에 힘이 하나도 없으니까 억지로 올라갔는데, 그 치료 테이블에서 치료를 받고 나오니까 언제 그랬냐는 듯이 진짜 딱 나은 거예요. 그러면서 이제 군의관이 "전광근 씨하고 황병주 씨는 당분간 잠수를 하지 마십시오" 하는 거예요. 군의관이 하지 말라는데, (웃으며) 하지 말라는데 우리는 "야, 그러면 안 할 수 있냐?" 배에 가서 눈에 보이는 게 내가 한 번 안 들어가면 나머지 있는 네 명이라는 사람들이 계속 또 들어가야 되는 상황이 된 거예요. 그 와중에 더 와서, 자원해서 온 사람들이 없으니까.

면담자   그때는 이제 더 이상 자원 인력이 없었나요?

전광근   예, 여섯 명이서 계속 유지를 하고 있는 상황이었고. 또 내가 안 들어간다, 나하고 같이 치료받은 황병주 씨가 안 들어간다 한들, 또 나머지 사람들한테 또. (면담자 : 부담이 커지니까?) 부담이 아니라, 또 이 사람들은 로보트가[로봇이] 아니잖아요. 이 사람들도 언젠가는 또 우리와 같은 증상이 나타날 거고, 똑같이 다 아픈데도 꾹 참고 해주시는 상황에 있었던 거고. 우리가 아프다고 해서 우리가 물에 안 들어갈 상황은 아닌 거 같았고. 그냥 군의관 말은 "알겠습니다" 얘기하고 다시 금호샐비지로 왔을 때는 벌써, 벌써 잠수 작업을 또 시작하고 있는 상황이었고, 결국은 오자마자 또 슈트 입고 또 들어갔던 거고. 그 당시는 해군도 제대로 된 장비를 가동 안 했던 상태고, 해경도 아예 뭐 물에 들어가지 않았던 상태고. 오로지 민간 잠수사들만 이목이 집중돼 있는 거예요. 해군들도 해경들도 민간 잠수사들이 작업하는 것만 보고.

면담자   전적으로 (전광근 : 네) 그 여섯 명(전광근 : 네)에 의해서만? 그게 며칠까지?

전광근   23일부터 그 언딘 바지가 왔을 때, 24일. (면담자 : 까지는?) 예, 그러니까 23일까지 작업을 하고 24일 날 그 바지를 뺐어요, 금호샐비지를.

면담자   거제에 언딘 바지선 리베로가 온 거군요?

전광근   언딘 리베로가 와서 교체를 한 거죠, 금호샐비지랑. 금호샐비지를 교체를 하면서 언딘에서 장비가 또 뭐, 다이빙할 수 있는 인원들이 또 뭐 준비를 해놨는지 몇 명 더 추가로 오고, 또 매스컴에서도 "잠수 바지가 세팅돼 있으니까 잠수사들 더 와도 된다"고 해서 잠수사들도 뭐 제가 아는 지인들 몇 명 부르고, 또 제가 부른 지인들이 또 몇 명 연락해서. 결국은 어떻게 그래도 24명? 24명까지 딱 모이게 된 거죠.

근데 모이는 과정도 나중에 좀 얘기를, 말씀드리겠지만…, 누구는 막 그냥 와요, "잠수사"라고. 잠수사라고 오는데 아, 그 전에 금호샐비지에서 그렇게 작업하다 보니까 '야, 내가 물에 들어가는 사람인데' 내가 이 사람들을 컨트롤해 줄 수 있는 한계를 느끼기 시작한 거예요. (면담자 : 스스로가?) 예. 왜 그러냐면 나도 물에 들어가서 작업을 해야 되는 거죠. 애들을 건지고 수습할 상황인데, 내가 만약에 물에 들어가 있는 상황에서 위에서 무슨 상황이 발생하는지 모르니까. 그렇다고 해경들을 믿고 들어갈 수 있는 것도 아니고, 해경들이 뭐 민간인을 관할할 이유도 없던 거고. 또 거기 뭐 바지선에 바지 선주들이나 크레인 기사나 또 유가족들이나, 이 사람들이 민간 잠수사들을 뭐 장비가 이상이 있다든가 그걸 확인해 줄 수 있는 상황도 아니고…. 여러 잠수사들도 있지만 잠수사들이 우리 잠수하는 동안 또 가서 뭐 편히 쉬는 것도 아니고. 다 나와서 쳐다보고 있는 거고….

거기서 이제 느꼈던 게, 아…, 공우영 씨 생각이 또 번뜩 드는 거예요. "들어오셔야 되겠다" 그래서 위에서 해경들이나 뭐 얘기 좀 해주시고, 그런 뭐 어떻게 보면 쉽게 말하면 "감독관 역할을 좀 해주셔야겠다. 제가 할 수 있는 게 제가 한계를 느낀다". 인원이 이거밖에 안 되니까, 인원도 인원이지만 내가 물에 들어가서 또 상황, 상황도 있는 거고…. 그래서 공우영 씨가 21일인가 들어왔을 거예요. 21일 날 금호샐비지로 왔어요. 그때 오시면서… 금호샐비지 오시면서 잠수사들을 한두 명 더 데리고 왔었나? 데리고 왔을 거예요 아마. 근데 그 친구들, 그 새로 온 잠수사들도 뭐 울산에, 울산에서 작업하시는 분들 두 명이 왔는데 한 번 들어갔다 오더만 "아, 자기는 못 하겠다" 고 다시 가더라고요. 대다수 사람들이 그런 거예요. 막상 마음먹고 왔는데, 한 번 들어갔다가 그다음 있다가 가더라고요.

대다수 사람들이 왔다가 "못 하겠다"고 가고. 결국은 24명, 25명 뭐 30명 있다가 결국은 다 가는 거예요. 가다가 계속 바뀌고, 또 누구는 거기 와서 기념, 기념사진 찍을려고 온 것도 아니고 와서 슈트 입고 사진 찍고 그다음 날 그냥 말도 없이 가버리고, 누구는 또 와서 자기 PR용으로 사진 찍고 또 가. (한숨 쉬며) 그런 거 허다하게 또 보고, 그런 걸 또 그런 거 신경 쓰면 우리도 거기 못 있는 거죠. 그런 사람들이 뭐 당연히 있으리라고 생각했던 거고. (잠시 침묵) 그 언딘, 언딘 리베로가 딱 와서는 이제 어느 정도 체계가 잡히기 시작하는 거야. 제압, 제압할 수 있는, 감압할 수 있는 챔버가 두 대가 또 준비되는 거고, 콤프레서도 절대 고장이 날 수 없는 콤프레서를 또 준비를 했던 거고. 보조탱크까지도, 그러니까 콤프레서가 하나 고장 나면 보조로 쓸 수 있는 콤프레서도 준비했던 거고. 또 뭐 잠수하는 데 필요한 PP로프라든가, 수중에서 쓸 수 있는 랜턴이라든가 모든 장비들이 어느 정도 갖춰지기 시작한 거예요. 잠수를 할 수 있게끔, 아니, 잠수 작업, 수색 작업을 할 수 있게끔 준비를 갖추기 시작한 거죠.

면담자   21일부터 공우영 잠수사가 그럼, 말씀하신 대로 감독관 역할을 하기 시작한 겁니까?

전광근   예, 감독관이라기보다는 컨트롤.

면담자   컨트롤타워입니까?

전광근   아이, 컨트롤타워는… 컨트롤타워는 청와대죠, (웃으며) 컨트롤타워는. 바지선 안에서, 바지선에서 잠수사들 관리를 했던 거죠, 그 이제 거기 있던 사람들을.

면담자   쭉 길게 이야기를 해주셨는데, 잠깐 쉬었다가 계속 이어갈까요?

(잠시 중지)

6
4월 24일 이후의 수색 작업과 다이빙 벨 논란

면담자   네, 그래서 24일 날 이제 리베로로 교체했구요.

전광근   예, 교체하고 나서 이제 잠수사들이 몇 명 더 충원이 됐죠. 그때 이제 김관홍 씨, 또 김상우 씨 몇몇 잠수사들이 더 충원 됐어요. 그 당시에 10몇 명? 13명 정도 됐어요. 그리고 나서 24일 날 하루, 두 번째 이제 리베로 세팅하고, 작업도 장비들 세팅하고 준비를 하는 과정이었었고, 24일 날 해경 쪽에서 갑작스럽게 이제 "유가족들이 지금 작업 진척이 없어서 내용 설명해 달라고 하는데, 자기네들이 도저히 가서 설명할 사람이 없다. 민간 잠수사들 중에서 한 명이 나가서 설명 좀 해줘야겠다" 그래서 저하고 이상진 씨하고. 원래는 처음 19일부터….

면담자   처음 들어간 분.

전광근   예, 처음 들어가신 분하고 같이 갔어요. 같이 갔는데, 같이 가면서 배 타고 갔죠, 2시간. 2시간 넘게 멀긴 멀더라고요. 배 타는데 또, 가면서 이제 무슨 내용 설명할 건지 알아야 되니까, "그냥 지금 하고 있는 수습 방법이라든가 이런 것들을 설명을 좀 하자"고 딱 갔는데, 팽목항에 선착장에서 사람들 쭉 모여, 유가족들이 모여 있더라고요, 카메라도 막 몇 대 설치돼 있고. 거기 쭉, 거기 앉으시라고 하더라고요. 앉으니까 뭐, 처음에는 누가 해수부장관인지 누가 청장인지 모르잖아요? 옆에 누가 앉아서 질문받고 있길래, 해경

쪽에서 여기 앉히더라고요, "여기 앉아갖고 설명 좀 해주라"고. 또 이런저런 얘기하면서 뭐, 지금 잠수 방법이라든가 잠수[사] 몇 명 있는 거랑 뭐 이런 거 설명해 주고. 그때 그 당시는 유가족들인지 언론사인지, 그냥 우리가 죄인이 된 기분처럼, 죄인인 것처럼 이렇게 막 질문을 퍼붓더라고요.

면담자   그때 같이 배석했던 분들이 몇 명 정도 됐습니까?

전광근   다섯 명? 다섯 명일 거예요.

면담자   유가족이 있는지는 잘 모르겠고?

전광근   그러니까 너무 많은 사람들이 그 주변에 있었으니까, 그걸 이제 해경청장이, 나중에 보니까 해수부장관, 해경청장 뭐, 해경 또 관계되는 사람, 이상진 씨, 나 이렇게 앉아 있었는데, 왜 지금 작업이 안 되는지 물어보……. 그 말을 하면서 괜히 막 울컥하더라고요. 아니 나는, 우리는 뭐 금전적인 거를 바라고 온 거는 아니고, 애들이, 애들을 살리기 위해서 왔던 건데, 애들이 이렇게 주검으로 발견돼서 열심히 수습 작업을 하고 있는데, 우리한테까지 와서 왜 "못 하는, 못 하는 이유를 설명해라"는 식으로 이야기를 하고, "왜 지금까지 뭐 했냐?"는 등 그러니까 갑자기 울컥한 거예요. 어떻게 보면은 '야, 이건 이렇게, 진짜 이렇게까지 해가면서 우리가 이렇게 있어야 되는 건가' 하는 생각이 들더라고요.

    그래서 보면서도, 이상진 씨도 방송국, 언론 쪽에서 얘기 막 강압적으로 물어보고 하니까 거기서 말문이 막혀갖고 말을 잘 못하더라고요. 제가 적절하게 설명을 잘하고 있으니까 이제 유가족분들인가 그분들이 "잠수사들은 이만 가셔도 된다. 지금 이렇게 와서 해주시는 사람들을 왜 여기까지 오라고 해서…. 조금이라도 쉴 시간에 쉬셨다가 또 잠수하셔야 되는 분들 왜 모시고 왔냐?" 거기서 또 눈물이 확 나더라고요. 자기네들이 해야 될 역할을 해경들이 못 하고, 왜 민간 잠수사들을 이런 데까지 또 불러와서, 자기네들이 그냥 잘할, 대처를 잘하고, 자기네들이 잘 알면은 자기네가 설명하면 될 거를 꼭 민간 잠수사들을, 와서 좀 쉬었다가 다시 잠수해야 할 사람들을 불러다 놓고 질문을 받는 거 자체가 유가족분들은 싫었던 거더라고요. 그래서 유가족분들 중에서 몇몇 분들이 "잠수사들은 빨리 보내라"고, "빨리 배로 다시 보내라"고, "잠수하기 힘드니까 좀 쉬었다가 하라"고…. 거기서 마음이 또 울컥하더라고요. 그래서 그냥 1차적으로 이제 거기서 또 있다가, 갔다가 왔죠.

오고 나서… 이제 조 편성을 또 새로 해야 되잖아요, 잠수사들이 늘었으니까. (면담자 : 늘었으니까) 늘었으니까 처음에 이제 또 가이드라인 다시 또 내야 되는 상황이고. 우리가 어디까지 했으니까 어디에다 또 다시 가이드라인 설치해야 된다, 처음에 이제 어떻게 하다 보니까 처음에 또 1번, 번호 순번대로, 순번대로 적혀 있는데 1번을 제가 또 1번을, 저 1번이 돼서 가이드라인 설치해 주고 어디까지 줄 다 쳐주고…. 또 올라와서, 그때부터 이제 A조, B조 이게 다 나눠진 거예요. A조는 3층을 한다면 B조는 4층 격실을, 그것도 중앙 로비서부터 선수까지만. 우리가 민간 잠수사들, 그 언딘 리베로 바지선에 있던 민간 잠수사들은 A조, B조로 쪼개져 나눠서 중앙 로비서부터 선수, 선수 격실만 구역을 배정을 받은 거예요.

95

2회차

어떻게 했냐면, 배정을 받고 언딘 리베로가 바지선이 크니까 앞에 이제 우리가 A조, B조 나눠졌으면 또 공간이 또 있으니까 해군들은 "니들은 여기 와서 같이 해라" 해군들이 다시 또 이제 그 옆쪽에서 두 조를 또 편성한 거예요. 그러면 언딘 리베로에만 잠수할 수 있는 위치가 네 개소가 되는 거예요, A, B, C, D. A, B는 민간 잠수사, C, D는 해군 잠수사들이 하게 된 거예요. 해군도 SSU 잠수사들, UDT는 아예 못 들어가고, UDT는 보조 역할을 해줬는데, 보조 역할을 하는 상황이 됐던 거고.

면담자　　　그래서 크게 네 개 조가 공간을 분할해서 들어간 거군요?

전광근　　　예, 언딘 리베로에서, 언딘 리베로에서 네 개소를 하기로 한 거죠. 그때는 뭐 작업도 순조롭게 잘했죠, 수습도 잘되고. 무리 없이, 큰 사고 없이 잘 돼가고 있던 상황이었던 거고. 25일 날인가? 김관홍 잠수사가 한번 이제 잠수를 하고 나서 제압 챔버에 감압을 할라고 들어갔다가 거기서 산소중독 증상이 나타난 거예요. 산소중독 증상이 나타나서 병원으로 후송됐죠, 삼천포병원에. 삼천포병원에서 이제 며칠 있다가, 며칠 있었는지 처음에는 뭐 김관홍 씨를 저도 잘 몰랐으니까, 거기서 새로 와서 본 거고. 김관홍 씨 그렇게 되고, 또 뭐 몇몇 잠수사들 뭐 간단한 통증도 자꾸 인제 발생한 거고. 그나마 이제 챔버가 두 대가 가동을 하고 있어서, 뭐 조금 안 좋다든가 하면은 챔버를 바로 들어가서 감압을 할 수 있으니까.

그 외중에서도 잠수사들이 뭐 몇 명이 또 왔다가 자기가 생각한 작업 상황이, 작업 조건이 안 맞아서 나간 사람도 있고. 뭐 금전을 바라고 왔는데 금전을 뭐, 금전적으로 누구랑 얘기하는 사람이 없으니까 또 나간 사람도 있고. 처음부터 했던 사람들은, 그때 뭐 누구하나 금전적으로 바라고 온 사람들은 없었기 때문에 '나중에라도 금전적으로 바라서 오면은 안 되겠다'는 생각이 들더라고요. 그러고 나서 이제… 그 당시에는 또, 거기 리베로 자체에 TV가 없었어요, 매스컴을 볼 수 있는 TV가. (면담자 : 예) TV가 없었어요. 없어 갖고 매스컴에서 뭐라고 하는지 뭐 아직도 뭐 에어포켓을 떠들고 있는지, 그런 거는 절대로 얼마 안 됐고. 가끔씩 이제 핸드폰을 보면, 거기가 전화기가 잘 안 터졌거든요. 가끔씩 핸드폰을 보면 뭐, 무슨 전문가라고 와서 또 패널로 나와서 또 얘기하고 말도 안 되는 소리 떠들고 있고…, 답답하더라고요. 그래서 아예 그냥 '그런 거 무시해 버리고 그냥 우리가 하는 거만 하자. 거기서 하는 대로만 하자'.

면담자   요건, 지금 말씀해 주시는 건 한 25일 이후의 일이지요?

전광근   예, 그렇죠.

면담자   예, 그래서 수색 작업은 언제까지 하신 겁니까?

전광근   7월 5일인가? 7월 5일인가 돼서 그때 아마 태풍이 왔어요. 태풍이 올라온다고 그래서 피항을 가게 됐어요, 목포로. 목포로 피항을 가서 이제, 목포로 피항을 가게 됐는데, 그 전에 제가 이제 기존에 작업을 하고 있었던 울산 현장에서 작업 근로자가 다치는 사고가 있었어요. 그래서 "어차피 피항도 나가니까 잠깐 배에 철수

하는 상황이 됐으니까 울산 현장을 한번 갔다 오겠다" 하고, 어차피 다 이제 사람들, 다이버들 전부 다 배에서 내리는 상황이니까 울산으로 갔다가 그 근로자 다친 애랑 병원 치료 잘 받게 하고, 다시 이제 10일 날 쯤에 들어가기로 했던 거니까 다시 내려갔어요. 내려갔는데 해경에서 문자로 이제 통보가 온 거죠.

면담자   그렇죠. 그 유명한 문자요.

전광근   예. "작업 방법이 변경돼서 부득이하게 언딘 리베로를 철수하게 됐다"는 해경 문자를 받게 된 거고. (한숨 쉬며) 그 전에도 무수한 사건들이 있었죠, 그 안에도. 언딘 리베로 와서 네 개, 해군 두 개 조, 민간 두 개 조, 네 개 조가 하고 있는 상황이었는데, 함미 쪽으로 못 들어가니까 함미 쪽에 또 처음에는 그 미래호라고 삼성중공업, 그러니까 삼성건설 제주도에 있는 일하는 그 바지선이 또 올라온 거예요. 미래해양개발이라고 그 바지선이 또 함미 쪽에 세팅을 했었던 거고, 거기도 이제 다 아는 선배들, SSU 출신들이 몇몇이 또 거기 같이 올라와서 하게 됐던 거예요. 그리고 나서 함미 쪽을 수습을 하는데, 함미 쪽은 이제 처음부터 많이 이제 붕괴가 진행 중이었던 거고, 다이버가 진입할 수 없을 정도로 많이 파손이 됐다는 얘기를 했어요.

그러니까 우리는 한 번도 들어가 보지 못했고. 음… 그리고 나서 그 제주도 팀들이 한 구인가 두 구인가 아마 수습을 했을 거예요. 저는 잘 정확히 기억은 안 나는데 한 구, 두 구 정도 수습한 걸로 내가 기억하고 있어요. 그 제주 팀들이 와서 열흘인가 또 하고 갔는데, 또 이제 그 배가 뭐 갑자기 또 빠지는 바람에, 다른 바지가 또 올라갔어요. 그 두 번째 올라온 바지가 DS바지라고 옥포에 있는 DS수중개발이라는 회사예요. 거기도 또 선배예요, SSU 출신들 (웃으며) 선배. 거기도 다이버들이 몇몇 도와서 다시 설치, 세팅하고 며칠 또 허비하고. 그거를 어쨌든 리베로는 그 작업 현장에서 계속 작업을 했던 상황이었던 거고, 이 함미 쪽은 며칠 지나면 또 장비가 바뀌고, 며칠 지나면 또 장비가 바뀌고. (잠시 침묵) 나중에는… 그 문제의 다이빙 벨. 다이빙 벨이 또 한바탕 소동을 벌였죠. (잠시 침묵) 저희가 기본적으로 생각했을 때 '다이빙 벨을 우선 사용하기 힘들다' 그런 판단을 우리는 갖고 있었던 거예요.

면담자   처음 접했을 때?

전광근   예. 다이빙 벨을 우리가 모르는 사람들도 아니고…. 다이빙 벨을 써서 잠수사가 들어가서 뭐 오랫동안 잠수를 할 수 있는 그런 장치도 아니고, 다이빙 벨을 고정해서 어떻게 뭐 세울 수 있는 방법도 없는 거고. 다이빙 벨을 쓸 수 있다고 하면 우리가 먼저 썼겠죠. 우리가 필요하다고 해서 우리가 요청하면 정부에서는 해경이든 해군이든 다 지원해 줄 상황이니까, [그런데] '다이빙 벨은 이거는 아니다' [생각했기 때문에 쓰지 않았던 거죠]. 근데 어떻게 또 끌고 와서 또 언딘 리베로 옆에 붙여놓고 또 작업을 할라고 시도를 하더라고요. 결국은 실패해서 도망갔죠. 도망간 거예요, 쫓겨난 게 아니고. 우리가 해경이 쫓겨냈든 정부가 쫓겨냈든 쫓겨낸 게 아니고, 자기네들 스스로 자기네가 도망간 거예요.

면담자　　　왜 그렇게 보십니까?

전광근　　　작업이 안 되니깐요. 기존에 우리가 작업하고 있는 방법도 그만한, 그 사람들이 할 수 있는 능력만큼 더 효율적이게 나오니까. 다이빙 벨 있다고 자기네가 챔버가 있을 거예요? 잠수사가 물에 있는다고 오래 있는다고, 잠수사가 한 사람이 오래 있는다고 일이 잘되는 건 아니에요. 그 경험이 어떤 경험이냐면, 우리 입장에서 가이드라인을 창문, 현장, 이제 뭐 접시, 큰 접시만큼 되는 창문이 있어요. 요 주위로 줄을 쳐놔요. 다이버 10명이 지나가는데도 이 안에 사람 있는 거를 육안으로 보이는 일은, 못 봐요. 처음에, 어제 말씀드렸죠? 내가 이 사람을 구할 수 있는 방법은 내가 들어가서 직접 봐야 되는 거잖아요? 내가 아무것도 안 보이는 데서 막 더듬다가, 뭐 이런 귤 같은 걸 잡았어. 이게 사람 손이에요. 이거 어찌 보면 운이죠, 운. 어떻게 보면 기적이고, 내가 이 사람을 잡았다는 거 자체가.

그러면 10명이 수도 없이 지나갔던 자리를 내가 들어가서 보니까, 어 사람이 있는 거야. 그럼 어떡해? 이쪽으로는 못 들어가니까 반대편으로 해서 들어가게 되고. 그거랑 똑같다고 보면 돼. 한 사람이서 2시간을 들어가서 하면 뭐 하냐는 얘기예요. 아무 능률이 없어. 이 사람들이 뭐 잠수 능력이 있건 없건 판단은 둘째 치고, 이 사람이 볼 수 없는 것도 다른 사람이 들어가면 또 볼 수 있는 거예요. 그렇다고, 우리가 네 개 조가 들어가요, 잠수사가 네 개 조. 그러니까 민간 잠수사가 두 개 조 들어가는데, 한 타임에 두 명씩, 아니 두 조씩 들어간다고 치면은 여덟 명이 들어가는 거잖아요? (면담자 : 네) 여덟 명이 들어가는 거잖아요. 다이빙 벨은? (면담자 : 둘) 두 명 들어가잖아요. 두 명 들어가서 그 사람들이 가서 뭐 하는지 확인이 안 돼요, 어디로 들어가는지.

그러면 잠수사들이 그렇게 말을, 뭐 그 사람들이 뭐 얘기하기를 언딘에, "언딘 리베로에 있는 잠수사들도 자기네들이랑 같이했으면 좋겠다"는 식으로 얘기를 해요. 그럼 결과적으로 뭐냐? 2시간 동안 들어가서 한 사람이 2시간 동안 잠수를 한다는데, 그럼 그 많은 사람들은 전부 다 뒤에서 대기하고 놀아야 되느냐? 잠수사가, 그 사람들 알파잠수 얘기하는 거로 보면은 잠수사가 그렇게 필요도 없어요. 다 우리가 기존에 하던 방식들을 다 접어두고 자기네들 방식으로 하잖아? 그거는 말이 안 맞는 거지.

그래 이종인 씨도, 알파잠수도 모르는 사람이 아니에요. 다 이 잠수업계에서, 그러니까 어차피 동종업계가 뭐 어디 협회 같은 데 가입된 거 보면은 다들 아는 사람들이에요. 다 뭐 고향 선후배고, 그분이 뭐 해병대 나왔지만, 해병대 그쪽에도 알아보면 다 아는 사람들이고, 인천에서도 저 15년 있었으니까 15년 동안 목욕탕에서도 마주치고 다 인사하는 사이고. 절대 모르는 사람이 아니에요, 다 알아. 〈비공개〉 남들은 뭐 〈다이빙벨〉이라는 영화를 보고 일반 사람들이 어떻게 생각을 하든 간에 제가 뭐 그 사람, 제 기준으로 해서 그 사람들한테 잘못했다 잘했다 얘기는 못 하겠지만, 우리가 현장에 직접 잠수를 했던 사람으로서 일의 방법은 우리가 할 수 있는 방법이 최우선이고, 기존에 우리가 하던 방식대로 그냥 아무 사고 없이 잘해 왔던 거니까, 어려움 없이 했던 거니까.

7
참사 초기의 심경

면담자　　음, 그렇게 해서 이제 19일부터 해서 전반적인 것들 한번 이야기해 주셨는데요. 지난 1차 구술에서도 이야기해 주셨습니다만 뭐 여러 사고들에 대한, 세월호 이전에도 희생자들을 수습해 온 경험이 있으셨다고 했습니다. 직접 대면하셨던 그 과정에서 어떻게 느끼고 생각하셨는지에 대한 것들을 좀 이야기해 주실 수 있으실까요?

전광근　　그냥 처음은… 처음 이제 내가, 제가 이제 울산에서 출발할 때 당시는 '아, 살아 있을 확률이 있겠구나' 하고 내려갔어요. 내려갔는데 19일 아니 17일, 다이빙을 17일 날 잠수를 해보고, 18일 날 잠수를 해보고 '아, 이제 살 수 있는 확률이 없겠구나' [싶더라고요]. 그 와중에 유가족분들이 경비정을 타고 세월호 인근까지 와서 울부짖고 하는 소리들, 배에서 우리 작업할 수 있는, 작업하는 금호 샐비지에 올라와서 "자기 자식들, 자기 부모, 형제들 찾아달라"는 소리, 울부짖는 소리. 같이 물에 빠져서 같이 죽겠다는 사람들이 대다수였던 거고….

　　그리고 그 당시에는 우리 요 몇 소수 인원밖에 들어갈 수 없는 상황이 됐던 거니까. 해경이 들어갈 수 없는 거고, 119구조대가 들어갈 수 없는 거고…. 그 사람들은 제가 이해 못 하는 부분은 아니에요. 그래서 결국은 '아, 실종자들이 다 주검으로 발견되겠구나' 그런 마음을 먹었던 거죠. 일단은 시신을 수습하자 해갖고 여섯 명이라는 사람들을 이끌고 제가 시작하게 되는데, 처음 유리창을 깼을 때, 그 학생들이 그 많은 수많은 사람들이 대다수가 구명동의를 입고 있었다는 거. 그냥 배가 침몰하기 직전이라도 구명동의를 입고 그냥 물에 뛰어내렸으면 다 살았을 사람들이잖아요. 왜 그… 못 나오게 했는지……. 너무 많은 사람들이, 처음에는 그냥 한두 구 정도? 이게 문제가 아니잖아요, 그 안에 300몇 명이 있어요. 내가 한 사람을 보고 '아, 이건 아니다. 내가 못 하겠다' 그런 마음이 안 들더라구요.

1구, 2구, 10구, 100구가? 저는 그 리베로에서 잠수사들은 하루 네 물때를 봐요. 그러면 네 물때를 다 보는데 자기가 잠수하는 조가, 잠수하는 시간이 아니더래도 총원이 다 나와요, 밖에. 다른 잠수사가 들어가서 하는 모습을 다 보고 다른 잠수사들이 수습해 오는 시신들을 다 보고, 옆에 해군들이 또 수습해 오는 모습도 다 보고. 297명을 올렸다고 하면, 297명을 다 목격한 거예요. 지금에 와서, 아까 말씀 처음에 뭐, 1구를 처음에 이를테면 대면했을 때 어떤 감정이 드냐? 전혀 뭐 무슨 다른 감정이 없었어요. 그냥 빨리 이 상황을 빨리 끝내고 싶은 마음밖에 없다고. '빨리해서 304명 빨리 수습하자. 그게 우리가 할, 우리가 지금 해줄 수 있는 마지막 도리인 거 같다' 잠수사들이 모두 이제 그런 마음이에요.

빨리… 다 마무리, 다 건져줘야 우리도 가정으로 돌아갈 수 있는 상황이 됐던 거고, 편안하게, 우리도 마음 편히 앞으로 살 수 있겠다는 생각이 들었던 거고…. 지금에 와서 "1구 처음에 대면했을 때 어떤 생각이 드냐?" 아무 생각이 없어요, 진짜. 그냥 맨정신에 들어간 것도 아닌 거 같아요. 내 무슨 생각을 하고, 이거를 수습하면서 무슨 생각을 하고 그런 게 전혀 안 들은 거 같애. 그냥 빨리 끝내고 싶은 마음. 그 밤에 조명탄을 그렇게 쏘는 걸 생전 처음 봤어요. 하늘에 매일 수백 발씩 조명탄이 떨어지잖아요? 나중에는 그 조명탄 낙하산들이 배 선체에 막 우리 가이드라인 쳐놓은 데 걸리고 그래 갖고, 다이버들이 막 위험하고 그랬어요. "제발 좀 그 조명탄 쏘지 말라"고. "쏘려면 저 멀리 가서 쏴라"고, 멀리서 쏴도 그게 가라앉으면서 조류에 밀려갖고 세월호에 다 엉겨 붙는 거예요. "그래, 우리 위험하다. 조명탄 낙하산이 위험하니까 제발 좀 쏘지 마라" 나중에는 많이 안 쐈을 거예요. 처음에는 엄청 쏘아댔어요, 하루에 수백 발씩.

면담자   그게 수습에 도움이 되는 것은 맞나요?

전광근   도움이 되죠.

면담자   도움은 됩니까?

전광근   그러니까 뭐 일단은 어두운 데서 무슨 부유물이 뜨더라도 확인이 안 되니까 조명탄을 쏘고, 수시로 해경들이, 해경정들이 그 수색 구역을 넓혀가면서 밤에도 수색을 했던 거니까 도움은 되겠죠. 우리가 작업하는 데는 딱히 도움 안 됐지만, 다른 주변에서 뭐 세월호에 관련된 유실물들이 부양을 했다든가 그러면 찾아갖고 가져갔겠죠.

8

이광욱 잠수사 사망 사건

면담자   그 이광욱 잠수사 사건이 또 있었습니다.

전광근   그러던 와중에 또 뭐 이런저런 사람들이, 아픈 사람들이 몇 명 나왔어요. 나오고 나서… 이제 이 물때가 어떻게 보면 대조기, 소조기가 있어요. 대조기는 이제 우리가 말하는 사리, 사리라고 하는데 사리 때, 사리 물때. 그리고 소조기는 조금 물때, 그러니까 물이 조금 들고 나가는 거예요. 서해안은 조수간만의 차가 낮아질수록 이제 조류가 덜 센 거예요. 인천 같은 경우는 조석간만의 차가 9미터가 나요. 9미터가 난다는 말은 그만큼 물이 빨리 빠지고, 한정된 시간 동안 그 많은 물들이 들었다 나갔다 하면 그만큼 유속이 센 거예요. 근데 소조기라는 얘기는, 조금 때라는 얘기는 조석간만의 차가 적은 거예요. 소조기가 이제 다가와요. 뭐 한 3, 4일 있으면 수위가 돌아와요.

그 상황에서 제가, 우리는, 우리가 뭐 잠수사를 더 충원해서 충원해 달라는 말도 한 것도 없고, 그렇다고 우리가 잠수사가 부족하다는 말도 없고. 초기에 17일 18, 19, 20일 뭐 그때는 해경들도 다이빙을 안 했던 상황이고…. 근데 언딘 리베로가 딱 와서 잠수사들이, 우리 민간 잠수사들이 많은 잠수를 좀 시간을 하다 보니까 그들이 몸이 좀 안 좋아지고 하니까 해경에서도 그 SSU 전역한 사람들, UDT 전역한 사람들, 그 잠수 직종 직별로 간 사람들이 많아요. 그러면 특수구조대 해갖고, 또 그 와중에도 바깥에서 해경 가기 전에 같이 산업잠수 쪽으로 일했던 다이버들도 있고….

이제 처음에는 저희가 멜 수 있는 장비, 쓰고 있는 장비가 표면 공급식, 일반, 일명 이제 후카라고 해요. 후카 장비 써본 사람이 있을 거라고 믿어요. 처음에는 "몇 명 있냐?"고 물어보니까 세 명 있더라고요, 세 명. 그러면 "세 명이라도 도와줘라", 그것도 이제 공 이사님이 얘기한 거 같아요. 잠수사들이 힘들어하니까 "니들 격실에는 들어가지 말고, 선내에 진입은 민간 잠수사들이 할 테니까 선 바깥에서 호스만 잡아줘라". 이게 격실을 들어가다 보면, 어떻게 보면 방을 하나 찾아 들어갈라 그러면 이 호스가 꺾이는 부분이 많아요. (면담자 : 그렇죠) 그러니까는 "우리가 혼자서 들어갈 수는, 도저히 못 들어갈 상황이 되니까 호스 신호를 받아가면서 너희들이 호스 좀 잡아주고 넣어줘라".

그리고 이제 저희가 유리창이 있잖아요. 저도 손 같은 경우도 유리창 깨다가 다친 상처인데. 그게 오랫동안 물속에서 있으면서 이제 이 상처가 잘 안 아물어갖고 흉터가 요래 남았는데, 유리창 파편들이 또 많잖아요. 호스가 유리창에 쓸리고 그러면 호스가 파손될 염려가 있고 그러니까 "해경들이, 니들이 잡아 넣어줘라" 해갖고, 해경들이 처음에는 몇 명 지원하더라고요. 처음에 세 명 나중에는 뭐 다섯 명, 점점 늘어나는 거예요, 각 조마다 뭐 나중에는. 해군은 세 개 조로 교대를 해요.

면담자   아까 두 개 조에서?

전광근   아니 해경, 해경. 해경이 근무 직수가 있어요. 뭐 20명씩 세 개 조로 해서 이제 로테이션으로 3교대로 근무를 하는 거죠, 해경들만. 그러니까 민간 잠수사들은 리베로에서 상주해 가면서 하면서 묵고 있고, 해경들은 본함에 있어요. 3009함이라든가 5000몇 함이라든가, 자기네들 그 기거할 수 있는 공간에서 기거를 하다가 자기네들 직수 시간이 되면은 맞교대를, 교대를 하는 거죠, 3교대로. 교대자, 아니 이제 걔네들이 1조, 2조, 3조 있으면 1조에 몇 명, 2조에 몇 명 그 사람들이 민간 잠수사랑 또 페어[pair: 짝]가 된 거예요. 페어는 이제 같이 들어간다는 얘기잖아요, 같이 들어가서 작업을 하는데. 그러니까 이제 인원이 남은 거, 어떻게 보면 잠수사들도 시간 여유가 있는 거예요, 해경 애들이 도와줘서. 그렇다고 자기네들이 잡아주고 도와준 것도 아니고 이제 민간 잠수사들이 필요로 하니까 공 이사님이 이제 요청을 한 거 같더라고요. "들어갈 수 있는 사람들, 강요는 하지 않을 테니까 도와줄 수 있는 사람들 도와줘라" 하니까 해경 쪽에서도 "해주겠다"고 해서 하게 된 거죠.

그러니까 이광욱 씨가 음, 6월 달에 왔죠, 5월 달인가? 정확한 날짜를 모르겠네[5월 6일에 사망 사고 일어남]. 일단 조금 때에 맞춰서 왔을 거예요. 그 조금 때도 "VIP가 지시를 내렸다. 잠수사를 50명을 충원하라" 그런 연락을 받고 해경에서도 막, 해수부도 그렇고 "빨리 더 충원해라" 해갖고 민간 잠수사 모집소를 만든 거예요, 팽목항에. 팽목항에 만들었는데 그 팽목항에서 그 모집, 민간 잠수사들 면접을 보고 하는 게 이제 해경들이 다 관할을 한 거 아니에요? 우리는 이제, 민간 잠수사들은 안에 있으니까. 근데 뭐 민간 잠수사가 그 전에도, 이광욱 씨 외에도 몇몇 잠수사들이 왔다가 하루 한 번 들어가 보고 다시 나간 사람들이 태반이라, 아니나 다를까 이번에 온 사람들도 그러지 않을까 싶었어요. 그러고 나서 이제… 이광욱 잠수사가 오전인가 왔어요.

오전에 왔는데 일단은 공 이사님이 A조 대응팀장이고 제가 이제 B팀 팀장이에요. A조 B팀이 있는데, A조는 그 인원이 어느 정도 순번이 많이 여유가 있는 거고, B조는 또 왔다가 나간 사람이 있어 갖고 순번이 빈 순번이 있어요. 그래 갖고 공 이사님한테 얘기해서 제가 "여기 새로 오신 분 B조에 편입하겠습니다" 해서 B조에다가 이름을 적어놓은 거예요, 순번도 맨 밑에, 순번대로 쭉 나열되니까 아래쪽에. 그래놓고 누가 지시를 안 해도 그냥 사람들이 민간 잠수사로 딱 오면 쓰는 거니까, 기본적으로 써놓고. 음, 그날… 잠수사들은 이제 "'잠수 시간이 12시다, 12시가 물 가는 시간이다". 물 가는 시간을 어떻게 보냐면 거기 바지선에 조류계측기를 설치해 놓은 거예요.

조류계측기를 설치해 놓고 조석시간표를 무시를 해버리고 그냥 이 조석 데이터를 보고 나서, 현지 물 가는 데이터를 보고 나서 "아, 이제 물이 서기 시작한다" 그러면 이제 준비를 하는 거예요. 그러면 미리 예측했을 때 1시간 전부터 작업 준비를 해요. 그러면 12시다, 12시에서 이제 뭐 물이 서기 시작한다 그럼 1시쯤 작업할 거니까, 12시에 쭉 나와서 처음에 A조, B조 다 모아놓고, "이번에는 어디 할 거고 누구누구 준비하라" 그런 얘기를 해요. 그리고 "몸 아픈 사람 있으면 얘기해라, 망설이지 말고", 몸이 안 좋은 사람들은 배제를 시키고 하는 거고. 또 처음 온 사람들은 "우리가 이런 장비를 쓰는데 안 써봤으면 얘기해라. 다른 장비를 맞는 거를 쓰게끔 해줄 테니까 걱정하지 말고 얘기해라".

당연히 나 같으면 자기가 안 써봤으면 안 써봤다 얘기했을 거예요. '저는 처음입니다' 같은 얘기보다는 뭐, 스쿠버 장비도 있고 일반 마스크 쓰고 송수신 안 되는 것도 있고 하니까. 〈비공개〉 무리한 거 안 시키잖아요. 처음 왔는데 어떻게 선내 진입을 시키겠어요? 〈비공개〉 근데 연세가 좀 많으신, 많으셨어요. 50살이 넘었던 걸로 알고 있어요, 두 분 다. 50살 되면은 잠수하기 무리예요, 연세를 봐서. 그래, 그렇게 하고 힘들어하시더라고요. 그래 갖고 제가 그냥 살짝 체크를 해놨어요, '잠수하기 힘드실 거 같다'. 어차피 제가 판단을 못하지만, 제가 B조 팀장으로서 볼 수 있는 견해로 '아, 좀 작업하기에는 무리가 있으신 분 같다' 해갖고 체크를 해놨어요. 일단은 그 사람이 한 번이라도 들어갔고 자기가 나와서 할 수 있는 자신감이 막 넘쳐갖고 얘기하는 거 같으면 아무 말도 안 하는데, 올라와서 힘들어하는 모습 보고 "어디가 어떻게 어디인지 모르겠다"고 하시니까 일단 체크해 놨어요.

체크해 놓고 이제 이광욱 씨가 들어갈 차례인데, 갑자기 파도가 막 치는 거예요. 파도가 막 치기, 비도 오고 막 파도가 심하니까 그래서 이광욱 씨는 슈트까지 다 입고 날씨가 안 좋아지니까 작업을 중단하게 된 거죠. 중단했는데, 음… 다음 이제 시간대가 저녁 6시인가 돼요. 아침, 오전에 1시쯤에 했으니까 6시 정도에 작업 시간이 돼서 했는데. 이제 작업할라고 조회도 하고 각자 스테이지로 가서 작업 준비를 하는데 기상이 또 그렇게 썩 좋아지지가 않는 거예요. 또 '잠수 불가'로 나온 거예요. 그래서 거기 이광욱 씨가 들어가야 될 시간, 들어가야 될 타임인데 또 날씨가 안 좋아서 못 들어가니까 다시 이제 철수하게 되는 거죠. 거기서 이제 각자 이제 자유 시간을 갖게 되었는데, 갑자기 이제 해경 쪽에서 요청이, "작업 변경이 작업 구역을 변경을 해야겠다. 기존에 우리가 4층에 하고 있는데, 3층에 어디서 누가 목격을, 목격을 했다" 해갖고 아마 3층에서 4층으로 가이드라인을 옮겨야 될 작업을 해야 될 상황이 된 거예요.

면담자　　　3층에서 4층?

전광근　　　예. 근데 그 가이드라인이 3층에서 4층은 불과 3, 4미터밖에 안 돼요. 3층에 있는 가이드라인을 타고 내려가서 그 3층에서 4층까지 연결된 그냥 수평으로 된, 이 방바닥에서 여기서 보면 여기까지 갈 수 있는 줄만 타고 가서, 자기가 타고 내려간 가이드라인을 풀어서 저기다 매주고 그냥 그것만 타고 올라오면 되는 거야. 아주 간단한 일이에요. 기본적으로 할 수 있는, 물에만 들어갈 수 있으면 무조건 할 수 있는 일이에요, 기본적이고. 어려운 거 안 시키잖아요. 그래 갖고 이광욱 씨한테 설명해 줬죠. "아, 작업 변경이 바뀌어갖고 가이드라인을, 다음에 들어가시면 가이드라인을 옮겨야 될 거다". 그래서 이제 그 가이드라인을 매는 매듭이 저희가 주로 쓰는 이제 보울라인[bowline knot]이라고 있어요. 올가미 매듯 (면담자 : 네) 보울라인이. 그 배에서 막 해상 작업에서 용이하게 쓰는 보울라인이라고 매듭법이 있어요. "혹시 그 매듭법 혹시 아시냐?"고, "안다"고 하더라고요. "한번 매보세요" 내가 육안으로도 확인을 해야 되잖아요. "한번 매보세요" 그랬더니 잘 매더라고요. "아, 예. 그렇게 하시면 됩니다. 그것만 갖고 고 밑에 내려가면 로프가 있으니까 요거 타고, 가이드라인을 타고 내려가서 그 위에 난간에다가 묶고, 그거 타고 다시 올라오시면 됩니다". 누구나 봐도 간단한 일을 시킨 거예요. 음, 그게 이제 그 사람이 할 일이 된 거예요.

그랬는데, 그날 또 6시에 작업이 안 됐으니까 그거 이제 새벽 물때를 또 봐야 되는 상황이에요. 새벽 물때를 또 11시부터 작업 준비를 하게 된 거예요. 그때 또 기상이 계속 안 좋은 거예요. 그래서 이제 내일 아예, 기상이 안 좋으니까 그때는 조회도 없이 사람들이 다 이제 쉬고 있던 거죠. 근데 그 전에도 각자 이제, 벌써 뭐 한 달여 동안 사람들이 리베로에서 생활하다 보니까 거기서 개인 방들이 있잖아요. 거기서 개인 침대들이 있잖아요? 그러니까 컨테이너에서 자는 사람들 컨테이너에서 자고. 하여튼 이제 침실에서 이제 휴식을 하고 있는데, 저는 그 당시 언딘 리베로에서 작업하면서도 잠을 그렇게 못 잤어요. 그러니까 잘 시간인데도 잠을 잘 못 자고 그냥 그 해경들 교대 직수자[직무수행자] 나오는 사람들 보고 같이 얘기하고, 새벽까지도 늦게까지도 얘기하고 하다가 또 다음 작업 구역 확인하고….

잠을 잘 못 자는데, 그거 또 11시에, 계획적이라면, 그러니까 평상시 계획이라고 그러면 11시에 다시 다이버들을 집합해서 조회하고 다시 이제 작업을 해야 될 상황인데, 워낙 기상이 안 좋으니까 아예 방송도 안 했어요. 안 했는데 기상이 좀 안 좋아서 그런지, 스테이지를 거기서 쓱 돌아봤는데 거기에 이광욱 씨하고 〈비공개〉 밖에 나와 앉아 계시더라고요. 그래서 "아, 혹시 그 얘기 못 들으셨냐?"고,

"지금 새벽 시간에 작업이 안 될 거 같다" 그러니까 "아, 그러냐?"고, "미리 알고 있는데 그냥 나와서 바람 쐬고 있다"고 얘기하시더라고요. 또 거기서 또 이런저런 얘기 또 1시간 정도 했어요, 내일 또, 아침에 또 할 일이고. 그러고 나서 이제 아침이 됐죠. 아침 7시, 정확히는 7시 뭐 한 5분경…. 준비를 이제 다시, 회의를 하고 준비를 하고 제가 조회를 하고 잠깐 화장실 갔다 오는, 화장실을 갔다 오고, 왔는데, 이제 이광욱 씨가 벌써 슈트 준비를 하고 있더라고요.

그래서 "어제 말씀드렸죠? 요거 요렇게 밑에 내려가서 가이드라인 타고 옮겨놓고 올라오시면 다음 조가 준비하고 내려갈 겁니다", "알았다"고 하더라고요. 배가 왔어요. 근데 원래는 평상시에는 수색을, 만약에 선내 진입하고 수색을 하게 되면 해경이 됐든 민간 잠수사가 됐든 두 명, 두 개의, 두 명이 내려가는 게, 한 조에 두 명 내려가는 게 맞아요, 수색하게 되면. 근데 가이드라인을 매러 가는 거 자체는 둘이 들어가면 서로 꼬일 수가 있어요, 가이드라인 매는 거는. 이거는 어려운 작업이 아니지만, 뭐 어려운 작업이 아니지만, 혼자 내려가서 그냥 가이드라인만 매놓고 올라오는. 본인은 작업 시간, 작업이 끝나는 거예요.

근데 내려가면서 벌써 호흡이 가쁘기 시작하더라고요. 송수신에서 들으면 호흡 소리까지 다 들리거든요? "스읍, 후" 이게 내뱉는 소리가 들려요. '어? 이 사람은 해저…' 우리가 그 전날에도 다이버들이 하고 있는 송수신 내용을 알아야 되잖아요. "해면 출발, 해저 도착" 아니면 뭐 "어디, 어디로 옮기겠음" [이렇게] 수시로 그 물속 상황을 위에다 보고를 해줘야 되는 거예요, 뭐 "내려가다 유속이 세다,

시야가 얼마 안 나온다" [하는 식으로요]. 이 사람은 근데, 이광욱 씨는 내려가서 벌써 호흡이 끊겨갖고, [바지에서 송수신하는 사람이] "탑사이드, 탑사이드" 그래요. 답을, 답변을 달라는 얘기죠. 송수신하시는 분이 그때 구진옥 씨라고 그분이 했었는데 "다이버 탑사이드, 탑사이드" 했는데 답이 없는 거예요.

면담자   내려가는 과정에서?

전광근   예, 내려가는 과정에서. 벌써 내려가는 과정에서 벌써 탑사이드를 불렀는데 응답이 없는 거야, 숨소리도 안 들리고 벌써. 이제 그 우리가 잠수를 하게 되면 옆에서는 비상대기조가 있어요. 소방119, 해경 이렇게 둘이 두 조가, 원래는 그 평상시는 우리가 시신을 수습하면 우리가 끌고 못 올라오니까, 시신 수습하고 우리가 선내 격실에서, 그러니까 선내가 24미터, 선내 상부가 24미터고 선내 바닥까지 내려가는 데가 48미터예요, 한 배 폭이 한 22미터 넘으니까. 그럼 저희가 선내 진입해서 저 안쪽까지 들어가서 안쪽에서 시신 수습해 오면, 그 선내에서 대기하고 있던 해경들한테 우리가 실종자를 인계해 주고 우리는 다시 또 선내로 들어가서 수색 작업을 하는 그런 과정이니까. 해경이 항상 대기를 하고 있어요, 장비를 스쿠버 장비를 착용하고. 그러니까 바로 숨소리가 이상하고 호흡이 송수신이 안 되니까 바로 이제 긴급으로 소방119 대원들이 들어간 거죠. 들어갔는데 벌써 어디 어떻게 들어갔는지 모르지만 거기서 로프에, 밑에 로프에 걸려 있고……, 벌써 상황이 끝나버린 거예요, 내려가자마자.

면담자   으음.

전광근   그러니 제가 판단하기에는 어디에 뭐 호흡이 잘 안돼서 그런 게 아니고, 〈비공개〉 비상탈출이라는 게 있거든요? 이제 훈련받을 때, 비상탈출이란 훈련을 받아요. 호스에 공급이 안 됐을 시에 웨이트 벨트 치고 자기가 물 위로 뜰 수 있게끔, 그 비상탈출 훈련을 해요. 그 사람은 벌써 내려가서 이상한 상황이 돼서 서로 이제 당황을 한 거 같더라고요. 벌써 물 위로 끌고, 물 위로 데리고 올라왔을 때는 이미 호흡이 없는 상황이었다고요. 그 당시는… (한숨 쉬며) 모든 그 언딘 리베로에 의사나 군의관이나 잠수사들의 건강을 체크해 줄 수 있는 사람이 전혀 없었던 거고, 또 긴급 저, 심폐소생술 할 그 장치도 없었던 거고, 아무 그런 의학적인 거를 할 수 있는 게 없었단 말이에요. 벌써 올라와서 긴급하게 이제 심폐소생술을 했지만 그게 이제 실패가 된 거죠. 돌아가시게 된 거예요.

다 넋이 나간 거예요, 그 상황에서. 이게 일어나서는 안 되는 일이 또 일어나 버렸으니까. (침묵) 그게 책임이 누가 있겠냐고. 우리가 잠수사들끼리 모여서 일부러 그 사람을 골탕 먹일려고 집어넣었다? 과실치사가 성립이 될까요? 원래 재판을 받을려면 제가 받아야죠, 재판을 공 이사님이 받는 게 아니고. 제가 이 명단에 이름을 써 놨으니까. (쓴웃음을 웃으며) 안타깝게 돌아가셔 갖고…. 그분도 잠수사들이 힘들어하는 거 모습 매스컴에서 보고 자기도 위험하지만, 자기도 이 "잠수사로서 잠수사들이 힘들어하는 모습을 보고 가만있지 못해서 내려왔다" 하시더라고요. 저희는 고맙죠. 진짜 고마운데, 그러니까 이 수중에서는 잠수 작업을 하다 보면 '악!' 하는 소리에 벌써 상황은 종료예요. 거기서 이미 끝나버리는 거예요, 수심이 있으니까, 그 수압도 있고.

저도 그런 경험을 세월호에서 몇 번 겪었으니까. 저희는 이 선내에도 진입하다 보면 여기서 문을 열고 들어오잖아요. (면담자 : 네) 이 문이 이렇게 있는 게 아니라 이렇게 옆으로 됐다고 보시면, 이게 거꾸로 이래 되잖아요. 거꾸로 열어놓으면 누가 여기다 고정을 안 해놓으면 이게 다시 닫히잖아요. 그러니까는 내려가면서 이게 이 문을, 진입 통로를 개척하는 게 일이에요. 이거를 이게 그냥 이런 나무 문 같으면은 그냥 살려고 나무가 뜨니까 된단 말이에요. 근데 대부분 배는 철문이에요. 나무 문이 없어. 문 하나 열려 그러면 힘들어요. 이거를 문 열어놓고, 어디다 그냥 어디가 갖다 매놔도 이게 자동적으로 처지게 돼 있잖아요. 닫히게 돼 있어. 그러니 간신히 들어가고, 사람만 간신히 들어가. 보면 다시 내가 들어갔는데도 좀 닫혀 있어. 그러면 그거 보고 '이따 나갈 때 고생 좀 하겠는데?' 하면서 그 마음이 딱 드는 거예요.

그럼 이렇게 내려와서 여까지 여기까지, 이리로는 짧은데 이리로 와서 여기가 한 4, 5미터 된다 그럼 다시 이리로 내려가야 돼. 그러니까 옆으로 누워서 이리로 내려가서 다시 이리로 가야 돼. 그럼 벌써 이런 각진 데 있잖아요. 호스가 이런 데 걸려서 내가 내려가다 힘 한 번 주면 에어가 순간 안 나오는 거잖아요. 이런 과정들이 엄청 많단 말이에요. 그 외에는 뭐 일반 이런 문 틈새, 또 격벽하고 격벽 사이, 또 해경들이 주는, 창문에서 내려서 창문으로 뚫고 내려가서 한 번 내려가서 한 번 또 밑으로 가서 다시 또 내려가는…. 그러니까 이런 굴곡들이 너무 많다 보니까 우리가, 우리가 예상치 못했던 변수들이 항상 발생을 하잖아요. 저도 순간 에어가 안 나와서 그냥…. 한 번 안 나오면은 어디서 탈출할 수가 없어요. 왜? 격벽에서 탈출해 봐야 바로 그 위에 보면 벽인데요. 나올라 그러면 호흡을 참고 몇십 미터를 참고 아무것도 안 보이는 데서 와야 되는데, 에어가 끊기면 끝이잖아요.

저희가 잠수를 할 때 비상탱크를 메야 되는 게 어떻게 보면 맞아요, 우리 안전을 위해서래도. 근데 이게 어떻게 되면 또 장해물이 되는 거야. 우리가 이런, 이렇게 들어왔는데 침대 사이 밑을, 사이를 볼라 그래도 이게 걸리는 게 있어서 못 들어가니까. 위에서는 다 준비를 해놔요. "제발 좀 메고 들어가라", "알겠습니다" 하고, "거기서 지금 우리 여기 들어가니까 자꾸 걸려갖고 저거 위험합니다. 우리가 하겠습니다" 해갖고 메고 들어가는 잠수사들도 있고, 그냥 이게 불편한 사람들은 그냥 안 메고 들어가는 사람들이, 뭐 대다수 사람들이 이걸 안 메요. 왜? 조금이라도 좁은 공간을 들어가서 확인을 하고 싶어 하니까. 그냥 뭐 넓은 데만 어영부영하고 올 거 같으면 메고 들어가요. 메고 들어가서 숨만 참다 올라와도 돼요, 어영부영할 사람들 같으면. 그걸 뭘 알겠어요? 누가 '야, 너 들어가서 시간 때우다 올라가냐?' [그럴 수는 없잖아요]. 그래 놓고 쉬어요. 우리는 그렇지 않잖아요. 우리는 구석구석 다 확인할라고 했던 거고…. 근데 이광욱 씨 그러고 됐지, 또 88에 또 절단 작업 하다가 또 이민섭 씨 또 사고 났지. 그러니까 점점 더 언론에서도 그렇고 가족들도 그렇고, 우리 가족들도 그렇고 위험한 상황이 돼버리는, 되니까 "잠수사들이 너무 위험에 노출되지 않냐?" 이런 또 얘기들도 나오고.

9

잠수사안전지원단 설치와 작업에 대한 갈등

전광근   그런데 그러니까 또 이제, 가정들 다 있는 상황이고, 또 누가 어떻게 그 사람들이 몇 개월 동안, 수개월 동안 배에서만 있다 보니까 가정이 뭐 생활도 꾸려야 되고 해서 어느 순간 뭐 "금전적인 지원을 해준다"고 얘기를 하더라고요. 그래서 뭐 '돈 주면 뭐 얼마나 주겠어?' 그렇게 생각하고 그냥 하다 보니까 그 "일당식으로 98만 원이 책정됐다"고 얘기하더라고요. "98만 원씩 자기가 온 날부터 다이빙한 날만 책정을 해서 지급을 하겠다"는 식으로 얘기를 하더라고요. 그나마 그 사람들한테 잠수사들한테 큰 도움이 되는 거잖아요, 어차피 그동안 두 달이 됐든 3개월이 됐든 일을 못 했던 걸 그나마 보상을 받는 거니까. 돈을 뭐 "98만 원 준다 책정됐다" 하니까 그때부터 다른 잠수사들이 몰리기 시작한 거예요. 88수중[도] 마찬가지. 〈비공개〉 나쁜 사람들, 나쁜 마음들 먹고 온 사람들이에요.

돈 준다니까, 자기네들 사람들 일하고 있다가, 응? 다른 데서 돈 벌고 있다가 서울에서 일하는 사람들 돈 준다고 하니까 서로 올라고 달려들라고 하는 거고, 결국은 나중에는 잠수사들이 뭐 잠수 기법이 잘못됐다는 식으로 또 매도를 해서, 그동안에 그 수많은 학생들을 건져줬던 우리 잠수사들을 폄하하는 발언까지도 하고…. 그렇다고 우리가 그 사람들한테 공식적으로 뭐 '니들이 잘했니?' [하면서] 그런 말싸움할 저기가 되냐고요…. 거기서 금전적으로 생각이 든 사람들한테는 대번에 그랬을 거예요. 우리[는] 그냥 뭐… 깨끗이 그냥 물러

났죠. 물러난 게 아니라 그냥, "자기네들이 작업한 거[작업하기를] 유가족들이 원하는 상황이다"고 해서, 그럼 유가족들이 원하는 상황인데 우리가 굳이 뭐 끝까지 하겠다고 될 상황도 아니고.

면담자　또 빨리 수색을 마칠 수 있다고 이야기하기도 했었잖습니까?

전광근　아니 그러니까 수색할 수, 그 수색을 빨리한다는 것도 우리는, 우리가 안 들어가 보고 위에서 할 수 있는 상황들 같으면, 제가 직접 물에 안 들어가 보고 빨리 수색할 수 있다는 방법 자체는 그냥 빛살 좋은 개살구?

면담자　빛 좋은 개살구?

전광근　빛 좋은 개살구. 그냥 말하면 다 이제 그 사람들이 다 믿을 만큼 그렇게, 뭐 어떻게 보면 기존에 잘하고 있던 사람들을 내쫓게 한 뭐 수단을 썼다든가(한숨). 그것도 참……. 이광욱 씨 돌아가시고 나서 이민섭 씨 돌아가시고 나서 그 또 뭐 '잠수사안전지원단'이라고 또 그게 이제 꾸려진 거예요. 그게 단장이 또 누구냐면 UDT 출신 그 조광현 씨라고 있고, 부단장이 이청관 씨라고 우리 선배님이 또 계세요. 그 위에 단장이 조광현. 그분들이 연세도 많이 드신 분이에요, 한 일흔 넘으신 분들인데 단장으로, 단장 부단장, 잠수사안전지원단이라고 또 하는 거예요. 그러면 무슨 잠수안전지원단이 필요하겠어요? 무슨 잠수안전지원단이 필요하겠어요, 왜?

남들이 볼 때는, 그 전에 언딘 리베로에 있던 사람들이 잘하건 못하건 그래도 자기네들 생업을 다 포기하고 일부러 찾아와서 자기네들 핏덩이 같은 자식들 못 구해줘서 미안한 마음으로 시신까지 수습해 주고 있는 상황인데…. 그 사람들이 끝까지 믿을 수 있는 사람들이 우리 민간 잠수사라고 했거든요, 유가족들이. "마지막까지 믿는 사람들은 잠수사들이다. 해경도 아니고 해군도 아니고 민간 잠수사들을 믿는다". 우리도 믿었죠. 우리도 유가족들을 믿었고, "우리가 책임을 다 하겠다. 우리가 다 할 수 있는 만큼 최선을 최대한 해주겠다" 그런 약속도 한 거고.

근데 안전, 안전지원단이라고 와서 자꾸 이제 뭐 우리한테 지시를 하는 거예요. "이거 하면 어떻겠냐? 저거 하면 어떻겠냐?" 우리는 우리가 실질적으로 작업을 했던 사람들이니까 "그건 좀 어려운 거 같습니다", "그건 힘들 거 같습니다" [이렇게] 그냥 있는 그대로 이야기를 해주잖아요? 그러면 자꾸 우리한테 "왜 안 되냐고만 얘기하냐?"는 거지. 아니, 안 되는 거를 어떤 어떤 면에서 응? 설명을 해줘요.

면담자   그 구체적으로 기억나는 게 있으십니까?

전광근   그건 ROV라고 있어요. ROV라고 하는데, 어떻게 보면 수중 드론이라고 보면 되죠. 모니터를 보고 조종을 하는데 그거 이제 프로펠러가 있어요. 스크루죠, 스크루.

면담자   음, 그렇겠죠.

전광근   위에 저 공중에 뜨는 드론 프로펠러가 있듯이, [ROV에는] 스크루가 있어요. 그러면 이제 그 ROV 자체가 선이 또 케이블이 연결이 돼요, 케이블이. 그게 무선이 아니고 선이 연결돼요, 유선 ROV라. 그럼 선내가 공간도 좁은 데도 있고 중간중간에 기둥들도 있고 또 우리가 기존에 가이드라인 쳐놓은 것도 어떻게 보면 우리만 쳐놓은 것도 아니고 해군도 치고 UDT도 치고 그러니까는 그물망처럼 돼 있는 거예요. 그러니까 ROV가 들어가서 지가 나갔던 구멍을 제대로 찾아 나오면 상관이 없는데, 지가 나갔던 구멍에서 다시 뭐 로프를 한 번 감싸고 내려가서 다시 내려간다든가 네? 그것도 화질도, 그렇게 시야가 안 좋으니까 화질도 안 좋을 거 아니에요. 그럼 자기가 들어갔던 구멍을 못 나오게 되면 그것도 건져달라고 할 거 아니에요. 누구든 다이버가 또 들어가야 되는 거야, 잠수사가. 그 시간에, 어차피 그것도 유속이 세면 안 되는 거고. 유속이 세면은 케이블이 날려서 안 돼요. 케이블이 조류 영향을 받아서 안 돼. 그것도 4월 19일인가 한 번 실패를 했거든요, ROV 자체를. 근데 또 다시 ROV를 또 꺼내더라고요. 그래서 "안 된다, 이거는 이 방법은. ROV는 좀 힘들 거 같다"고 우리가 또 이제 그렇게 얘기했던 거고.

또 수중절단 얘기가 또 있어요. "절단을 해서 그 안에 있는 집기를 다 꺼내면 어떻겠냐". 실제적으로 지금은 뭐 세월호 인양하면서 절단하면서 선체를 훼손시키는 역할이 되니까, 지금에 와서 또 "안 된다"고 했는데. 기존에도 또 그 집기들이 뭐 조그만 집기들이 아니에요. 신발장, 침대 그리고 뭐 어떻게 보면 자판기, 의자, 탁자 이런 거 절단하려고 그러면 크기가 커야 돼요. 그게 수중절단이라고 하면 산소를 써요. 전기, DC전기를 이용해서 산소를 쓰거나 탄소로 된 화약봉이 있어요, 초고온 절단봉. 그것도 어차피 불이 들어가야 되고 산소가 들어가야 돼요. 절단은 뭐 공 이사님도 계시지만 지금 더 다이빙은 안 하지만, 수중절단은 저도 잘해요. 뭐 수중절단 회사들 못

지않게 수중절단을 잘해요. 제가 잠수자격증도 있고 용접자격증도 있고 한데, 수중절단은 잘해요.

　　누구 못지않게 잘하는데 절단을 잘한다고 해서 이게 빠른 게 아니에요. 선체를 훼손해 가면서 굳이 그 안에 있는 거 끄집어낼 필요가 없는 거야. 왜? 그 안에서도 그 집기들을 다 확인한 상태에서 다시 그쪽으로 옮기고 나서 또 거기를 수색을 하면 되니까, 굳이 절단을 해서 그 집기들 바깥에다 다 끄집어내면 괜히 그 파공만, 구멍만 생기는 거고, 거기도 다시 유실방지망을 또 설치해야 되는 상황이 발생하는 거고. 나중에 또 인양할 때 집기들이 그리로 빠져나갈 수 있는 역할이나…. "굳이 그 절단 필요 없다" 우리는 이제 그렇게 얘기했던 거고. 또 뭐 절단에서 또 이제, 절단하다 사고가 났어요. 사고가 나는 것도 ROV를 내리다가, ROV를 내렸는데 절단을 하다가, 그 절단하는 모습을 ROV가 찍고 있다가 뭐 하여튼 그것도 문제가 좀 뭐, 폭발이 일어났어요. 이건 어떻게 보면 이 배에는 철골이죠, 철골. 철제 구조물이 있는데 H빔이라든가 앵글이라든가. 앵글이면 기역 자잖아요. 기역 자면 이제 절단하다 보면 산소들, 산소를 사용하다 보니까 산소가 가스니까 기체니까 공중에 뜨잖아요. 공중에 뜨면서 이게 그 노출된 데 같으면 기체니까 수면 위까지 쭉 올라올 건데, 이게 막혀 있는 상황에서.

면담자　　모이겠죠.

전광근　　산소가 이제 공기방울이 조금조금씩 모일 거 아니에요? 조금조금씩 모이다 보면 이게 드론은 수소폭탄이 되는 거예요.

수소폭탄의 원리가 돼버리는 거예요. 거기 산소가, 산소하고 가스기체가 혼합이 돼갖고 뭉쳐 있는 상황에서 전기 스파크들이 일어나면 폭발이 일어나는 건데 그 과정 속에서 절단하다가 사고가 난 거예요. 사고가 났는데, 또 이제 어떤 얘기가 나오냐면 폭파 얘기가 나와요, 또. 배를 폭파시키는 거. (면담자 : 네) 폭파 얘기 나왔는데 그 얘기 나왔을 때 제가 갔어요, UDT 부대를 갔어, 해군을. 그래서 제가 SSU 나왔고 저도 수중폭파도, 발파도 하고 했으니까 "UDT 가서 직접 참관을 해라. 실제 잠수를 할 수 있는 니가 가서 참관을 해서 그게 원리, 그 폭파의 위력이라든가 그렇게 폭파를 했을 당시 어떤 면에서 안 좋은지" 진짜 제가 3박 4일 동안 UDT 가서 거기서 그 폭파하는, 저 실험하는 수중에서 하는 것도 다 확인하고, 그 육상에서 하는 것도 다 확인하고.

면담자   그건 언제쯤이었습니까?

전광근   그게 이민섭 씨 사고 나고 6월 달쯤에 했을 거 같아요, 6월 달쯤. 정확한 기억은 없는데 6월부터 갔다가 진해, 진해에 6전단, 그 UDT 부대에 가서 그거를 내가 참관을 했죠. 결과적으로 그것도 사용 못 하는 걸로, 너무 위력이 세고 배 형태가 일그러지고. 이게 뭐 칼로 두부 자르듯이 잘라가는 게 아니고, 배가 막 울리면서 기존에 있던 철골구조물도 파손도 있을 확률이 있어 갖고 그것도 안 되는 걸로.

면담자   그렇게 되면 진상 규명에 오히려 어려움이 있겠군요.

전광근   그렇죠, 그렇죠. 그래서 그것도 제가 이제 "그렇게 하기는 힘들 거 같다" 이제 얘기해 갖고 그것도 무마된 거고. 그러니 이런저런 일들이 많이 일어났었죠. 우리는 "안 된다"고 하면은 왜 안 되는지를 명확하게 또 우리가 설명을 해줘야 되는 거고. 또 안전지원단이라고 나와, "뭐 지원단 회의 한다" 그래 갖고 유가족들 배제하고, 유가족들 하고 일반 가족들 배제하고, 해경, 해군, 민간 잠수사, 해수부 해갖고 군청에서도 회의를 했어요. 그 명단에는 제가 없었어. 근데 공 이사님은 있었어요. 저보고 같이 가자고 하시더라고요. "니가 가서 얘기를 한번 해야겠다. 안전지원단을 만든다고 하니 어떤 내용에서 안전지원단이 와서 무슨 역할을 할 것인가를 니가, 물에 들어갈 수 있는 니가 가서 니가 한번 해라, 광근아" 공 이사님이 얘기를 하셔갖고 "제가 가겠습니다" 그래 갖고 따라갔어요.

따라가서 이제 안전사고도 사망사고가 두 명이 일어나고 하니 자기네들이 뭐 매일 와서 회의를, 안전 회의를 하겠다는 얘기를 하더라고요(한숨). 솔직히 얘기해서 우리가 지금 일하는 산업현장에서도 매일 안전 조회를 해요. 이게 형식적인 거야, 예? 시간만 되면 뭐 "어디 검열 나온다. 어디서 해라 그랬다. 뭐 월 몇 번, 몇 차례 안전 교육을 해야 된다" 이거 형식적으로 하는 거예요. 앉아갖고 그냥 기존에 있었던 사례에 대해서 설명해 주고, 또 이렇게 또 뭐 안전보호구 착용 잘하고…, 그러니까 "그런 매뉴얼을 이제 여기서도 적용을 하겠다"는 식으로 얘기를 하시더라고요. 그래서 잠수사들이, 그렇죠, 잠수사들이 잠수 작업하면 피곤하고 1분 1초라도 더 쉬려고 하는데, "지금도 그만한 안전 수칙은 잘 지시를 하고 있다, 교육을 잘하고 있다. 기존에 공 이사님 밑에 나 다 잘하고 있으니 군이 필요가 없을 거 같다" 그런 발언을 했죠.

그랬더니 이청관 씨가 "야, 전광근이! 너 몇 살이야?" 막 그러니 거기서 언성이 막 높아지는 거예요. 조광현 씨도 그러고, 그 옆에 이제 부경대학교 김도현 씨라고 교수가 있는데 그분도 자기네들 이제, 제가 "젊은 사람이 자기네들 무시하는 발언을 했다" 이거예요. 그래서 막 울먹이면서 막 얘기를 하시더라고요.

면담자　　누가?

전광근　　김도현 씨가. 김도현 씨는 거기 안전지원단 소속인가 보더라구요. 저도 거기서 더 이상 이야기를 못 하겠더라고요. 왜? 자기네들이 여기 와서 굳이 우리가 잘하고 있는데 와서 굳이 우리 위에 다시 뭐 자기네들이 우리를 통솔하려고 하는 내막을 모르겠고, 네? 그러면 자기네들도 우리처럼, 네? 애들 살리려고 왔으면 할려고 도움이 된다고 그랬으면 처음부터 오지 그랬냐. 왜 기존에 우리 무난히 잘하고 있는데, 네? 이래라저래라 해서 아무 사고 없이 잘 왔던 것도 문제를 발생시키는 거고. 또 우리가 위험하다고 해서 우리가 안 된다고 하면 그냥, 그렇다고 우리가 실질적으로 우리가 통솔해서 관할할 거 같으면, 그러면 '다 나가라, 해경들 필요 없다. 해경들 니들 오지 마라. 우리가 우리끼리 한다' 그럴 거면 되잖아요. 우리가 아무 통솔할 권한이 없잖아. 단지 우리가 작업하는 데 지장이 있는 것들은 얘기해 줄 수 있는 거니까. 그럼 자기네들은 뭐든지 해달라고 하면 "힘들 거 같다" 그러면 또 뭐 무슨 뭐, 어군퇴치기라고 깜빡 등을 곳곳에 빠뜨려 달라고 그러고, 우리가 해줄 수 있는 거는 다 해줘요. 뭐 전자코, "전자코를 사용해서 그 주변에 물을 떠 와서 뭐 냄새라든가 성분을 분석해서 한다"고. 전자코 떠야 되면 이쪽 가서 물 떠다줘요. 좋다, "애들 가방들 있으면 다 버리지 말고 챙겨다 줘라", "아, 챙겨다 드릴게요" 그러면서 다 자루에 담아갖고 챙겨다 줘요. 우리가 일하면서 지장이 없는 일, 우리가 해줄 수 있는 일, 최대한 해주는 것 다 유가족들이 원하는 거, 해수부들이 원하는 거, 해경들이 원하는 거, 우리가 일하는 데 우리가 수색하는 데 방해 안 되는 한도 내에서 다 해준단 말이에요. 안 해주는 건 없어요.

단, 우리가 괜히 가이드라인을 열심히 잘 쳐놨는데 ROV 지나가면서 잘라먹었다든가, 그럼 다시 또 가이드라인 또 설치해 놓을 부분이 생기고, 또 한 번이라는 물때를 또 버려야 되는 상황이 되는 거고. 근데 "이건 안 된다, 저건 안 된다", "이렇게 해서 그런 면이, 그런 조건이 안 맞아서 힘들 거 같다" 얘기하면 그게 우리가 괜히 또 정부에 대한 반감이 서갖고 니들 멋대로 하는 것처럼 여겨질 수가 있었던 거예요. 그래서 또 뭐, 또 우리를 일방적으로 수색에 배제할 수 있었던 내막도 됐던 거 같고. 88은 "뭐 해달라"는 대로 다 해줬겠지만, 네? 추측상 내가 생각하기에는 해수부에서 [88수중이] 원하는 대로 잘 고분고분 말 잘 듣고 하니까, '그럼 쟤네들 보내고 니들이 여기서 해라' 그랬을 가능성도 있는 거예요.

면담자　　　그러면 언딘 바지에서 아예 88수중으로 전체 잠수 인력이나 다 바뀌는 것은, 그럼 그 이전에는 모르시다가 갑자기 통보를 받으셨나요?

전광근   예, 그렇죠. 그날 당장 다 일괄 저기 한 거죠.

10
여러 상황에 대한 짧은 소회와 의견

면담자   그렇군요. 바지 위에서나 다른 곳에서 유가족들 이제
뭐, 바지 위에서 사실 많이 봤다고 얘기하셨는데요, 혹시 그런 것들
중에서 기억나시는 일화 같은 것은 있으십니까?

전광근   금호샐비지 있을 때, [4월] 17일. (면담자 : 예) 17일, 아니
18일, 19일 날. 19일 날부터 그 당시 그 유가족분들이 구호품들 중에
서 우리는 등산복, 녹색 등산복에 상의가 하나 있었어요. 그거 입은
사람들은 다 유가족인 거야. 우리가 알기론 그래요. 구호품인데, 구
호품 등산복 상의를 다 입고 와, 유가족들이. 그러면 다 유가족인 줄
알아. 어느 분이 그 옷을 입고 잘 도와주는 거야. 우리를 도와주고
잠수사들 먹을 거 있으면 챙겨다 주고, 뭐 구호품 양말, 팬티 같은
거 오면 챙겨주고. 아, 그래서 고맙더라고. 그래서 뭐 "누구 이모 된
다"고 하고, 뭐 하더라고. 고맙더라고요. 근데 거기 또 이제 유호근
씨라고 지금 유경근 집행위원장 동생이 있어요, 유호근 씨라고. 이
제 그 사람하고 이제 또 친하게 지낸 거예요. 그분하고도 친하게 지
내고 또 몇몇 유가족분들은 그 금호샐비지에서 상주를 하고 했어요.
그래서 이제 그분들이 우리가 잠수하고 있는 모습을 생생하게 다 지
켜봤던 거고.

근데 그 녹색 등산복을 입고 계시던 분이 어느 순간 안 보이더라고요. 유가족이라고 했던 사람인데. 그 나중에 유호근 씨한테 "아니, 얼마 전까지만 해도 와서…… 그분 혹시 어디 갔냐?" 했더니만 "그분?" 자기네들도 "누구 가족인지, 누구 직계인지도 모르겠다"고 하더라고요. 그러면서 이제 나중에는 그 몇 반이랬다가, 또 나중에는 몇 반이랬다가 자꾸 신빙성이 없어서.

면담자 　　　말이 바뀌었군요?

전광근 　　　예. 그래서 그 사람을 또 뭐 찾아볼라고 찾아봤는데, "없어졌다"고 하더라고. 그래 그 사람이, 유호근 씨도 그러는 거야. "혹시 그 사람들이 해경 수사과 직원들이 아닌가?", "네?" "유가족으로 변장을 해서 와서, 그냥 유가족인 척 와서 일거수일투족을 감시하지 않았나. 민간 잠수사들이 하는 모습들 다 지켜보지 않았나" 그런 판단도 이제 하시더라고요. 우리한테는 고마웠던 분이거든요, 먹을 거 막 챙겨주고. 근데 또 도시락이, 도시락이, 밥은 먹어야 되는데, 밥을 할 수 있는 조리 기구나 식당 같은 게 없잖아요. 도시락을 누가 갖다줬냐면 언딘에서 갖다줬어요.

면담자 　　　그때는 금호 바지 위에 있었지만?

전광근 　　　예, 금호 바지에 있었지만. 언딘에서 자기네들이 배를 구해서, 어디 섬에 동거차도인가 조도인가 어디 섬에서 도시락을… 도시락을 싸서 잠수사들 먹게끔 도시락을 배달해 줬어요. 처음에는 밥, 뭐 라면 먹고 라면 갖다 먹고 잠도 언딘 리베로에서, 그 금호샐 비지에서는 잠 잘 데도 마땅치 않으니까 그냥 막 요만한 방에 막 10몇 명씩 끼어서 자고 그랬어요. 이만한 방도 아니구나. 옆에 요 방만 한가? 거기 막 10몇 명씩 끼어서 쪽잠 자고 그랬어요, 이불 덮는 것도 없이 그냥 옷도 그대로 다 입고. 근데 그 상황에서도 도시락을 갖다 주면, 우리가 이제 밥 먹을 시간대도 물때가 맞으면 잠수를 해야 되니까.

면담자　　그렇죠.

전광근　　도시락이 온 걸 봤어. 근데 물 먹고[수색하고] 와서, 아니, 이제 잠수 작업 끝나고 밥 먹으러 가니까 밥이, 도시락이 없어진 거야. 누군가가 또 가져가서 자기네들 먹고. 그러니까 먹는 거 갖고 '야, 우리 건데 누가 가져갔어?' 거기서 또 따지고 찾고 그럴 상황이 아니잖아요. '누군가 배고프니까 그걸 먹었겠지. 우리는 또 라면 먹으면 되지, 뭐' 그렇게 생각하고 이제 했던 거고.

면담자　　잠수사들은 정말 많은 잠수사들이 왔습니다, 레저 잠수사들까지 포함해서요.

전광근　　일반적으로 잠수사들이 레저 잠수사들이 많죠.

면담자　　그분들은 사실 심해잠수를, 사실 산업잠수를 할 수 없는 건가요?

전광근　　아니 할 수 없는 게 아니고, 그 사람들은 하죠. 근데 전제, 전제하에…. 아까 전에 해경이나 해군들을 무시하는 건 아니에요, 그 사람들이 안 들어가는 거, 안 들어갈려고 안 들어가는 게 아니고…. 저희들 산업잠수사들은 한 달에, 한 달이 30일이잖아요?

한 달 30일이면 한 달에 물에 50번 이상 들어가요, 네? 한 달에. 하루에 한 번 내지 두 번 이상은 들어간다는 얘기예요. 그러니까는 매일 들어간다고 보면 돼요. 그리고 이 해상은 서해, 동해, 남해 뭐 제주도 여기 왔지만, 환경이 항상 바뀌어요. 서해 쪽은 항상 유속이 세고, 조류가 유속이 세고 시야가 안 나오고, 또 수심이 얕고. 하지만 동해는 또 너울성 파도가 많이 치고 수심이 깊고 시야는 좋고. 또 남해는 또 조석간만의 차가 없고 또 파도도 없고 잠수 시간이 이제 길어요, 아무 조건이. 남해, 서해, 동해가 작업 환경이 다 달라요. 거기를 다 경험을 해봤던 사람들이에요, 잠수사, 산업잠수사들은. 매일 하루에 한 번 내지 두 번씩 들어가. 그러니까는 서해를 갔다놔도 하루면 적응이 돼요. 동해를 갔다놔도 하루면 적응이 돼요. 그러니까 이 정도의 숙련도가 높은 거예요.

해군, 마찬가지로 군인이잖아요? 그러면 '어디 들어가라' 그러면 잠깐은 들어갈 수 있어요. 그 해군, 저도 해군 출신이고 잠수부대 출신이지만 매일 잠수하는 게 아니잖아요, 무슨 사건도 매일 일어나는 게 아니니까. 훈련해 봐야 한 달에 한 번? 많을 때 한 번, 훈련. 그러면 뭐 분기훈련이 나오면 3개월에 한 번, 잠수 들어가는 횟수가 적은 거야. 해경도 마찬가지. 잠수를 매일 하는 게 아니에요. 그러면 해경들도 뭐 동해 근무한 사람, 서해 근무한 사람 있잖아요? 원래 해군 매뉴얼상으로는 조류가 몇 노트 이상으로 되면 원래 그… 잠수 매뉴얼상으로는 몇 노트, 유속 몇 노트, 시야 몇 미터, 몇 센티, 몇 미터도 아냐, 몇 센티, 네? 그리고 수온 몇 도, 거기에는 "잠수를 금한다"라고 표시가 돼 있어요. 들어갈 수가 없어요.

미군 애들? 샐비지, 뭐 살벡스[살보함(Salvor T-Ars 52)] 애들, 천안함 때도 와서 구조할라고 그랬는데, "지원해 준다" 그랬는데, 개네는 절대 못 들어가는 애들이고. 천안함, 여기 세월호 때도 뭐 "미군 애들 왜 지원 안 받았냐?" [그러는데] 개네는 유속 그거 보고 나서 들어갈 수도 없는 거예요. 그거 들어갔다가 한 건 사고 나면 자기네들 지휘관들 다 문책되는 상황이고, 매뉴얼상 못 들어가는 데예요, 미군 매뉴얼상. 나는 뭐 이런 페이스북도 보면 "왜 미군 애들 왔는데, 왜 지원 요청 안 받았냐?" 지원 요청 받는다고 애들이 할 수 있는 게 없어요, 물에 못 들어가니까. 절대 못 들어가니까, 매뉴얼상, 또 군인이고. 자기네들이 뭐 모병, 저 징병제 군인도 아니고 돈 받고 하는다 모병제인데 절대 못 들어가죠.

레저도 마찬가지예요. 그 사람들이 매일 레저를 하는 게 아니잖아요. 한 달에 뭐 좋을 때 시야 좋은 데 가서 고기나 구경하러 다니고. 근데 우리 산업잠수사들은 항상 시야가 없는 데서 일해요. 항상 그 뭐 준설토 막 뿌리는 데 돌 뿌리는 데, 주변 환경이 최악 조건에서 항상 일을 했단 말이에요. 시야가 항상 안 좋고 항상 물속에서 작업하다 보면 더듬어서 일을 하는 사람들이에요. 그러니까 그만큼 잠수사들, 아무 잠수사라고 해서 다 물에 들어간다 해서 잠수사가 아니고, 이런 이런 조건에서 할 수 있는 잠수사들이 따로 있는 거예요. 레저라고 무시할 수는 없는 게, 레저들도 수심 깊게 타요. 잠수 방법이 뭐 테크니컬이라든가 잠수 장비들이 많이 좋아졌잖아요. 잠수 장비는 뭐 80미터도 타고, 100미터도 타고 해요. 그거 갖고 장시간 작업을 안 하죠, 잠깐 들어가서 사진 찍는 용으로 쓰는 거고, 이제 그 장비로는 세월호를 들어갈 수 없는 거고. 공기통을 막 여섯 개, 일곱 개씩 매달고 들어가니까, 그거 어떻게 들어가겠어요? 못 들어가는 거고. 그런 저기, 그런 좀 차이가 있는 거지.

그리고 아까 그 조광현 씨 안전지원단 얘기했던 거, 그 미군 애들 리브리더[rebreather] 얘기 들어보셨어요? (면담자 : 얘기해 주십시오) 리브리더라고 재호흡기라고 있어요. 잠수 장비 중에 재호흡기. (면담자 : 네) 그러면 우리는 일반적으로 공기를, 공기를 들이마시면 내뱉잖아요. 내뱉으면 이게 이제 배출해서 기체가 돼갖고 수면 위로 올라오잖아요. 근데 재호흡기는 이거를 다시 불어내면, 다시 공기통에서 또 순환하는 역할이 돼가지고 이게 계속 바깥으로 노출이 안되고 그 안에만 계속 있는 거예요. 그 안에 계속 재호흡을 알 수 있는 건데, 그걸로 해서 뭐 몇 시간을 다이빙을 한다 해갖고 재호흡기를 미국에서 불러온 거예요, 재호흡기 잠수사들을. 근데 발도 못 담그고 갔잖아요. (웃으며) 그런 아이러니한 사람들이에요. 안 되는 걸 그냥 자기네들 기준으로 맞춰서 될 수 있게끔 할라고 했는데 결과적으로는 실패. 결과적으로는 기존에 잘하고 있는 '언딘 리베로에 있는 잠수사들을 배제하기 위해서 자기네들이 무슨 꼼수를 쓰지 않았나', 그런 마음 그런 생각들을 자꾸 하게끔 하는 거죠.

면담자   그리고 또 유가족들이나 일반인들이 처음 초기에 많이 믿었던 부분, 희망을 가졌던 부분들이 에어포켓이 실재했느냐에 관한 거였는데요. 그 부분에 대해서는 어떻게 개인적으로 그때 당시에 판단하셨는지 궁금합니다.

전광근   에어포켓은 있었다고 봐요. 에어포켓은… 전체적인 거는 아이들이 뭐 함미 쪽이나, 배가 가라앉기 전에는 완전히 침몰하기 전까지는 에어포켓이 어느 정도 존재를 했다고 봐요. 근데 19일 아니, 18일 날 에어를 주입했잖아요. 그때는 이미 에어가 거의 다, 에어포켓이 없어진 상태죠. 근데 그 당시에 에어포켓을 어디다 주입을 할라고 했는지 그것도 의문스러운 거고. 에어포켓을 유지하기 위해서 에어 주입을 했는데, 그 과정이 또 너무 허술하게 진행됐던 거, 그게 문제가 심한 거고.

면담자   어디다가 연결했는지도 아직 미스터리라고 말씀하셨었습니다.

전광근   그러니까 그 미스터리가, 그 선체 바깥에다 해놓은 거죠 그러니까. 선체 바깥에다가 해놓고 선체 안에다 해놓은 것처럼 쇼하고. 대통령 왔다고 에어 주입을 2, 3시간 몇 시간, 3, 4시간까지 에어 주입을 한 거고. 에어 주입은 완전 실패.

면담자   17일 날 가셨을 때 "각종 개인 장비를 다 가져가셨다"고 말씀하셨잖아요, "컴프레서만 못 가져가셨다"고.

전광근   예.

면담자   그래서 "컴프레서는 오대양산업에서 가져오는지 물어봤다"고 하셨는데요. 원래 이 잠수사들은 어디 이동할 때는 다 개인 장비를 들고 이동하는 것이 일반적인 경우입니까?

전광근   아니죠. 지는 이제 사업체를 운영하는 사람으로서 제가 이제 개인 잠수 장비를 가지고 있는 거죠. 일반적으로 제가 제 장비를 이용해서, 다른 잠수사들이 제 장비를 사용해서 일을 하는 거죠. 보면 세월호 같은 경우는 장비가 아예 없을 거라고 가정을 한 거죠. 누군가가 가져오지 못했으니까, 기존에도 들어가 있던 사람이 없으니, 장비가 없으니까 이제 제가 쓰던 장비를 가져간 거고.

면담자 　　　　필요할 것이라고 생각하셔서 가져가셨던 것이군요.

전광근 　　　　당연히 필요하죠. 왜? 남이 쓰던 것도 내가 못 쓸 수 있는 경우가 있어요, 내가 안 써봤던 장비가 있을 수 있으니까. 나는 이 장비를 내가 써봤고, 이 장비로 계속 내가 작업을 했던 거니까 나에게 딱 맞는 장비고. 그러면 이거를 가지고 갔을 때, 그럼 이 장비를 다른 잠수사들이 쓸 수 있느냐를 판단 여부를 그 사람들이 한 거야. '이거 내가 갖고 온 장비인데 쓸 수 있느냐?' 그 사람이 '쓴다' 그러면 같이 공동으로, 공용으로 쓰는 거고. 그리고 결국은 제가 갖고 간 장비를 끝날 때까지 거기서 썼으니깐요. 세월호, 언딘 리베로에서 그 장비, 호스, 풀페이스 썼으니까.

11
잠수 작업과 관련한 생각들

면담자 　　　　그리고 그 이제 해군에 2조가 있었고, 민간 잠수사 2조 이렇게 해서 총 4조가 있었지 않습니까? 그 내부의 역할 분담은 그 이제 "민간 잠수사 같은 경우는 B조 팀장 하셨다" 그랬고, 공 잠수사

께서 A조 팀장 했었고요. 그러면 그분들은 자율적으로 어떠한 지휘를 할 것인지 논의했던 건가요, 아니면 상부의 어떤 지휘나 역할 분담의 체계들은 어떻게 이뤄진 건가요?

전광근 　　　역할 분담은 없구요. 그 만약에 A조… A조 같은 경우도, B조 같은 경우도 마찬가지지만 백보드판이 있어요. 백보드판에 이제 명단만 적어요, 이름 적어놓고 순번. 그러면 이제 거기에 또, 백보드판에 세월호 전체 도면. 그러면은 만약에 송수신 장치 그 기록수가 있고, 또 위에 보조 역할로 호스 잡아주는 보조자들이 있고. 그러면 이제 송수신을 하는데 다들 이제 잠수사가 잠수를 하게 되면 다 대부분이 다 송수신 옆에 있어요. 왜? 어떤 상황이 발생했고 어디에 무슨 장해물이 있고 이거를 다 얘기를 해준단 말이에요, 잠수사가. 그러면 또 이제 그걸 갖다 기록을 해요, 그 옆에다가, 지도에다가, 그 도면에다가. "지금 잠수사가 어디까지 들어갔다"[고] 거기다가 또 체크를 해줘요. 그 역할만, 그런 역할만 해주는 거예요. 그러면 '장비가 필요', 뭐 저 같은 경우가… 자판기에 실종자가 눌려갖고 암만 내가, 사람 힘으로 혼자서는 도저히 뺄 수 없는 상황이 된 거예요. 그러면 '뭐가 필요하다' 그거는 위에서 누군가 [기록해 두지 않으면], 누구든 파악을 못 하는 거예요. 잠수사 본인이 보고, '무엇이 필요하다'를 우리한테, 위에 쪽에다가 보고를 해줘야 되는 거예요. 그러면 그 당시에 자판기 무게가 어느 정도 되니까 얼마 정도 되는 에어백, 에어백이라는 거는 그 안에서 이제 공기를 집어넣어서 부력을 이용해서 그 자판기를 들어올리기 위한 장비예요. 구조장비예요, 그것도. '에어백이 필요하다' 그러면 에어백이 배에 있으면 금방이라도 갖고 와서 쓰는데 없으면 또 해경에 요청한다든가, 해군에서 지원 요청 한다든가.

또 제가 경험했던 건데 이런 철문이, 여기가 그 처음에 배를 탈 때 계단이 내려오고 하는 철문이 있어요. 그 철문을, 잠겨 있는 거를 열려고 하는데 다이버들이 여럿이 몇 번을 들어갔는데 그걸 못 여는 거예요, 너무 무거워서. 그러면 거기에 또 이제 들어갔을 때 "어떤 게 필요하다", "장비가 필요하다" 그러면 레버블록이라고 이 장비가 있어요. 수중, 어떻게 보면 자동 도르래죠, 무거운 거 끌어 올리는 거. 그거를 또 필요하니까 "그것도 필요하다" 해갖고, 그러니까 위에서는 암만 봐도 상황을 설명해도 잘 모르니까 잠수사가 그 안에, 그 수중에 있는 형태를 잘 파악하고 위에다 보고를 해줘야 해요. 보고해서 다음 잠수사가 그걸 가지고 내려갈 수 있게끔, 그러니 그런 역할들. B조도 그렇고 A조도 그렇고, 그러니까 '뭐가 필요하다' 그러면 그만큼 경험이 많으신 공 이사님한테 다시 또 조언을 구하는 거고. 또 제가, 내가 판단해서 요게 있으면 다시 공 이사님한테 "요런 상황입니다. 요게 필요하겠습니다"[고] 내가 또 부탁할 수 있는 거고. 요런 부분만 우리가 할 수 있는 거야.

그러면 뭐 하다못해 "가이드라인이 약하다. 좀 굵은 걸로 필요하다" 그러면 경험상 해경이 뭐 굵기가 굵은지 약한지 모르잖아요. 그러면 경험상 우리 민간 잠수사들이 많이 경험을 했으니까 '몇 미리[밀리미터]로 필요하다' 그러면 로프도 바꿀 수 있는 거고. 또 뭐 '랜턴이 약하다. 밧데리[배터리] 충전해 달라' 그러면 요런 것도 뭐 해줄 수 있는 거고. 필요한 도구들 그리고 뭐 위에서 해경 쪽에, 해수부나

'어디서 뭐 해달라'고 하면 다시 그쪽으로 또 가이드라인을 옮겨야 되는데, 가이드라인을 서로 모른다고 했다고 쳐요. 다음 조가 가이드라인 어디로 가야 되는데, 김 잠수사가 들어가서 해야 되는데 김 잠수사가 가이드라인을 어디다 묶었다, 어디 가 맬지를 몰라. 그러면 잘 아는 사람이, 제가 있으니까 또 공 이사님이 '야, 광근이 니가 들어가서 매' 그러면 저는 가서 매주고 와야 되는 거예요.

면담자　　　그런 일들이 실제로 많이 있었던 겁니까?

전광근　　　많이 있었던 거죠. 저는 가이드라인을 두 개를 갖고 내려간 거예요. 한 번에 두 개 갖고 내려가서 3층 묶어주고, 반대편에다가 4층 묶어주고. 굵은 거예요, 그 로프 가이드라인 두 개 갖고 가서, 위에서 갖고 내려가서 해군 쪽 가이드라인을 타고 내려가서, 우리 쪽에 줄이 끊어져서 가이드라인을 3층에 몇 개 매주고, 반대쪽 가서 저쪽 선수 쪽 가서 4층에 또 매주고. 거기다가 또 위치까지 다 파악해 주고 또 올라오고. 올라오니까 후배 조희원이라는 조희원 친구가 "형님은 잠수의 신"이라고 그러더라고, 신. (구술자, 면담자 웃음) 자기네는 "도저히 상상을 못 하는 일"이라고, 그 가이드라인을 갖고 내려가는데 한 번도 꼬이지 않게끔 가서 매주고, 원하는 위치에 딱딱 매주고 오니까. 근데 무슨 상황이 발생되면은 잘 아는 사람이 있다는 거와 아무것도 모르는 사람이 우왕좌왕하는 게 작업하는 상황 자체가 다르니까. 근데 공 이사님은 뭔 일이 있으면 "야, 광근이 니가 한번 내려가 봐" 그렇게 되는 거예요.

면담자　　　제가 이번에 내려왔을 때도 느끼는 것입니다만, 공 잠수사와 단순한 동료 이상의 어떤 관계라는 것을 짐작하게 하는데요. 특히 뭐, 세월호 수습 과정에서는 더욱 그렇고요. 전광근 잠수사에게 공 잠수사는 어떠한 사람입니까?

전광근　　　음, 제가 처음 이 일을 시작할 때도 공 이사님을 봤을 때 저는 한참 어릴 때예요, 20대 초반이고 공 이사님은 이제 제 나이 또래, 40살 초반 때 만났죠, 20년 차이 나니까. 근데 제가 이 일을 지금까지 하게 된 계기가 또 어떻게 보면 공 이사님 역할이 좀 큰 거 같아요. 어떤 면을 대했을 때 일단 꼼꼼함이라든가. 일단 작업을, 우리가 해상 작업을 하다 보면 준비 작업이 80프로예요. 일은, 실질적으로 할 수 있는 일은 그냥 별 차이가 없어요. 잠수사들이 할 수 있는 일을 그냥 위에서 준비 작업이 80프로. 준비만 잘해주면 물속에서 일하는 거는 20프로밖에 안 돼요. 그 능률 차이는 얼마 안 난다고 봐요, 제가 지금 판단했을 때. 그럼 그 준비 작업에 있어서 잠수, 나머지 20프로를 더 편하게 해줄 수 있는 역할을 공 이사님이 해주셨던 거예요. 제가 그 밑에서 일을 하다 보니까 안전도 그렇고 또 작업 효율성도 노하우도 많이 생기는 거고.

　　그리고 또 인간적인 면에서도 제가 또 연세 차이 나는데 20살 때 "형님"이라 불렀는데 지금도 "형님"이라고 불러요. 다른 사람들은 어렵죠. 옛날에는, 지금은 연세가 많이 드셨지만 옛날에는 호랑이였어요, 호랑이. 지금은 이빨 빠진 호랑이라고 그러잖아요, (웃으며) 사람들이, 동문들도 그렇고. 그리고 부대에 대한 애착심도 강하세요. 전우회 회장님도 하셨었고, 전우회 일들을 오래 보셨었고, 그리고 동문들 누구, 어느 누구, 누가 같이 동문들을 잘 이제 협력하게 만드는 그것도 힘들이, 리더십이 좀 있으시고. 또 제가 다른 뭐, 다른 선배님들 밑에 가서 일을 해봤지만 공 이사님 같이 이렇게 또, 잘 또 많은 경험을 갖고 계신 분도 못 본 거 같고. 다른 사람들은 막 그래요, 솔직히 믿음이 안 가더라고요. 다른 선배들은 자기네들 잇속 챙길려고 하는 거고….

저한테는 큰 스승이에요. 이 일을 하는, 잠수를 제가 이제까지 하게 된 계기도 그렇고 또 많이 저한테 가르쳐주시고, 스승이고. 또 그만큼 또 믿어주시[고], 저를 또 믿어주시고 또 어려운 일 있을 때 항상 또 불러주시니까 뭐. 나도 형님이 그래도 원하는, 나한테 원하는 게 있으니까. 뭐 힘든 일이라도 가서 제가 또 척척 해야 되고 또 오면 서로 또 기분이 좋잖아요? 자기도, 시킨 사람도 좋고, 가서 시킨 거 잘하고 그러면서. 그게 첫 번째예요, 잘 맞는 거 같아요.

면담자　　　이틀 동안 정말 중요한 구술증언을 해주셨어요. 이것으로 구술을 마무리하려고 합니다.

전광근　　　네, 수고하셨습니다.

면담자　　　네, 감사합니다.

4·16구술증언록 잠수사 제4권

그날을 말하다 잠수사 전광근

ⓒ 4·16기억저장소, 2020

기획 편집 4·16기억저장소 ┆ **지원 협조** (사)4·16세월호참사가족협의회
펴낸이 김종수 ┆ **펴낸곳** 한울엠플러스(주)
초판 1쇄 인쇄 2020년 4월 1일 ┆ **초판 1쇄 발행** 2020년 4월 16일
주소 10881 경기도 파주시 광인사길 153 한울시소빌딩 3층
전화 031-955-0655 ┆ **팩스** 031-955-0656 ┆ **홈페이지** www.hanulmplus.kr
등록번호 제406-2015-000143호

Printed in Korea.
ISBN 978-89-460-6792-9 04300
        978-89-460-6801-8 (세트)
* 책값은 겉표지에 표시되어 있습니다.